História da filosofia no Brasil

SÉRIE ESTUDOS DE FILOSOFIA

História da filosofia no Brasil

2ª edição

Ademir Antonio Engelmann
Derli Adriano Engelmann
Maria Elisa Leite Corrêa

inter
saberes

Rua Clara Vendramin, 58 . Mossunguê
CEP 81200-170 . Curitiba . PR . Brasil
Fone: (41) 2106-4170
www.intersaberes.com
editora@intersaberes.com

Conselho editorial	*Edição de texto*
Dr. Alexandre Coutinho Pagliarini	Monique Francis Fagundes Gonçalves
Drª. Elena Godoy	
Dr. Neri dos Santos	*Capa*
Mª. Maria Lúcia Prado Sabatella	Denis Kaio Tanaami (*design*)
	Silvio Gabriel Spannenberg (adaptação)
Editora-chefe	Everett Collection/Shutterstock (imagem)
Lindsay Azambuja	
	Projeto gráfico
Gerente editorial	Bruno Palma e Silva
Ariadne Nunes Wenger	
	Iconografia
Assistente editorial	Regina Claudia Cruz Prestes
Daniela Viroli Pereira Pinto	Vanessa Plugiti Pereira

Dados Internacionais de Catalogação na Publicação (CIP)
(Câmara Brasileira do Livro, SP, Brasil)

Engelmann, Ademir Antonio

    História da filosofia no Brasil / Ademir Antonio Engelmann, Derli Adriano Engelmann, Maria Elisa Leite Corrêa. -- 2. ed. -- Curitiba, PR : InterSaberes, 2023. -- (Série estudos de filosofia)

    Bibliografia.
    ISBN 978-85-227-0742-3

    1. Filosofia – Brasil – História 2. Filosofia brasileira – História I. Engelmann, Derli Adriano. II. Corrêa, Maria Elisa Leite. III. Título. IV. Série.

23-164081   CDD-199.81

Índices para catálogo sistemático:
1. Brasil : Filosofia : História   199.81

Cibele Maria Dias – Bibliotecária – CRB-8/9427

1ª edição, 2015.
2ª edição, 2023.

Foi feito o depósito legal.

Informamos que é de inteira responsabilidade dos autores a emissão de conceitos.

Nenhuma parte desta publicação poderá ser reproduzida por qualquer meio ou forma sem a prévia autorização da Editora InterSaberes.

A violação dos direitos autorais é crime estabelecido na Lei n. 9.610/1998 e punido por art. 184 do Código Penal.

sumário

apresentação, ix
organização didático-pedagógica, xv

1

A ideia de história universal: origens e problemas, 20
    1.1 A colonização do Brasil, 22
    1.2 O cristianismo e a Reforma Protestante, 24
    1.3 Calvinismo, 28
    1.4 Educação e cultura nativa, 30
    1.5 Religião, política e economia , 32

2 *As principais ideias filosóficas no Brasil Colônia, 44*
2.1 Panorama histórico, 46
2.2 Período escolástico: o moralismo, 48
2.3 A escolástica no Brasil Colônia, 51

3 *Período iluminista: o ecletismo, 68*
3.1 A renovação conservadora de Portugal, 70
3.2 O espiritualismo eclético no Brasil, 75

4 *Período cientificista: o positivismo, 90*
4.1 Um recorte da filosofia positivista, 92
4.2 A sociedade na visão positivista, 98
4.3 A moral positiva, 104
4.4 O positivismo e o Brasil República, 112

5 *Escola do Recife, 136*
5.1 As influências da Escola do Recife, 138
5.2 Tobias Barreto (1839-1889), 140
5.3 Sílvio Romero (1851-1914), 142
5.4 O auge da Escola, 143
5.5 O declínio da Escola, 146

6 *O marxismo no Brasil e a influência no pensamento político, 156*
6.1 O marxismo no Brasil, 158
6.2 Caio Prado Júnior, 164
6.3 Álvaro Borges Vieira Pinto, 167

considerações finais, 181
referências, 189
bibliografia comentada, 201
respostas, 205
sobre os autores, 217

apresentação

Este estudo *abrange* a filosofia no Brasil, desde as primeiras ideias que chegaram ao país até a forma, com o passar do tempo, como essas ideias impactaram o pensar dos brasileiros. Para compreender a filosofia no Brasil, é preciso traçar um percurso histórico desde a colonização portuguesa.

Assim, o objetivo a que se propõe este livro é levar aos estudantes e ao público interessado, de maneira simples e direta, mas didática, as informações mais relevantes e pertinentes sobre a história do desenvolvimento das ideias que subjazem ao desenvolvimento da sociedade brasileira, de forma a permitir que se compreenda como e por que construímos nossa história da maneira que ela se deu, de tal modo que possa despertar o interesse em aprofundar as pesquisas na área, além de instigar o leitor a compreender alguns pressupostos do pensamento filosófico brasileiro, uma vez que não são muitos os trabalhos atuais encontrados sobre o tema.

Para a realização deste trabalho, o método adotado foi uma longa e demorada pesquisa bibliográfica em que visamos identificar e estudar os autores e os conteúdos para, depois, podermos selecionar os mais indicados para a realização de nossa proposta, que é oferecer subsídios ao estudo da história da filosofia no Brasil, sobretudo por tratar-se da história das ideias que acabaram por construir o modelo sociocultural, político e econômico de nossa sociedade.

Os autores escolhidos figuram entre os mais importantes e conceituados historiadores da filosofia e da educação brasileira e, por serem considerados fundamentais em nossa história, não poderiam faltar na base desta obra. São autores como o premiado historiador **Pe. Serafim Leite**, – S. J.* (1890-1969), que escreveu uma importante obra sobre a história dos jesuítas no Brasil; o sociólogo e membro da Academia Brasileira de Letras, além de premiado professor e editor, **Fernando de Azevedo** (1894-1974), importante historiador da cultura brasileira; **Adolpho Crippa** (1929-2000), professor doutor em filosofia, que escreveu sobre as ideias políticas e filosóficas no Brasil; **Pe. Leonel Franca** – S.J. (1893-1948), premiado professor de história da filosofia e de teologia, além de um dos fundadores da PUC-RJ e seu primeiro reitor; o filósofo **Jorge**

---

[*] S. J.: Companhia de Jesus (em latim, *Societas Jesu*, S. J.). Os religiosos assinam o nome e a sigla da ordem a que pertencem.

Jaime de Souza Mendes (1925-2013), fundador e primeiro presidente da Academia Brasileira de Filosofia e historiador da filosofia no Brasil; **Ivan Lins** (1904-1975), professor e membro da Academia Brasileira de Letras, eminente historiador do positivismo no Brasil; o professor **Antonio Paim** (1927-), respeitado estudioso das ideais filosóficas e educacionais no Brasil; e **Dermeval Saviani** (1943-), grande educador e filósofo da educação, criador da pedagogia histórico-crítica.

Esta obra está dividida em seis partes, nas quais refletimos sobre temas que abrangem desde a história colonial até elementos da atualidade.

No primeiro capítulo, localizamos a origem do pensamento filosófico no Brasil, partindo da influência europeia, não somente em virtude da colonização, mas também em razão das diferenças culturais existentes entre a Europa e a cultura nativa presente no Brasil. Portanto, o início do pensamento filosófico vem imbuído do pensamento medieval renascentista católico. Examinamos ainda, nessa parte do estudo, a influência protestante das Igrejas Luterana e Calvinista para a educação e a religião nos princípios do catolicismo, inseridos no contexto da sociedade formada pelos colonizadores.

Em seguida, no segundo capítulo, apresentamos uma abordagem da escolástica, tendo como referencial a perspectiva europeia. Destacamos pontos da Contrarreforma e da *Ratio Studiorum*, que instauraram as bases do moralismo no Brasil, sendo difundida primeiramente pela Companhia de Jesus, a qual teve a incumbência de efetivar a educação na colônia com base nos princípios morais do catolicismo, que tinha na fé a principal forma de buscar o entendimento da realidade, cujo fundamento estava ligado à concepção de Deus.

Na sequência, discutimos algumas transformações filosóficas e políticas em Portugal e como, consequentemente, elas se refletiram no Brasil. Em Portugal, o ensino dos jesuítas já não dava mais conta de atender às necessidades da época, pois a mentalidade portuguesa tinha por base os princípios da escolástica, avessos à modernidade. Nesse contexto, o Estado português entrou em conflito com os jesuítas e os expulsou de Portugal, fazendo o mesmo na colônia brasileira. Como o Marquês de Pombal não era adepto dos empiristas ingleses, ele se inspirou em Genovesi, em virtude da posição eclética desse filósofo e do fato de não ser inglês. Assim, no terceiro capítulo, tratamos também do espiritualismo como a primeira corrente com base filosófica no Brasil, embora tenha se originado na França. A contribuição desses processos para as ideias filosóficas no Brasil repousa na formulação de um pensamento com enfoque na liberdade e na superação da filosofia escolástica medieval.

Considerando a superação das bases do pensamento filosófico de natureza cristã no pensamento brasileiro, temos como principal marco a corrente filosófica do positivismo, tema do quarto capítulo. O positivismo foi uma influência relevante no Brasil República, pois abordava o desenvolvimento da ciência e uma nova visão de mundo que, embora herdada da Europa, se refere a um momento relevante também para a nossa sociedade, no sentido de fomentar o desenvolvimento científico e sociopolítico.

Como podemos perceber, não havia no Brasil até então uma forma de pensar que pudesse ser considerada original. Isso somente se verá na Escola do Recife, tema do quinto capítulo, em especial com base nos trabalhos de Sílvio Romero, Tobias Barreto e Clóvis Beviláqua. Embora o pensamento desses filósofos tenha sido influenciado por Kant, a Escola do Recife manifesta em sua forma de pensar elementos que representam a realidade brasileira, que também estava mudando, em decorrência instauração da República e da abolição da escravatura, fatos novos que permitiram a manifestação de novas ideias filosóficas na época.

E, por fim, no sexto e último capítulo, abordamos o marxismo e sua influência no pensamento filosófico e político no Brasil, em especial como as bases do pensamento político de natureza socialista ou de esquerda se encontram em vários momentos de nossa história. A filosofia de Marx requer uma aplicação prática que consiste na mobilização do proletariado em busca de melhores condições socioeconômicas e políticas. A maneira encontrada para a efetivação dessa ação no Brasil foi a fundação de partidos políticos com ideais socialistas e a organização dos trabalhadores em movimentos sindicais, com base nos quais, por meio de greves, é possível pressionar os donos dos meios de produção a rever suas posições de domínio.

Dessa forma, neste estudo, pretendemos apresentar uma ideia da filosofia no Brasil, destacando aspectos de seu desenvolvimento e sua construção, com o intuito de entender a trajetória do pensamento filosófico brasileiro e as dificuldades de sua construção, pois ele não se caracteriza especificamente como uma filosofia original, mas como herança europeia.

organização didático-pedagógica

Esta seção tem a finalidade de apresentar os recursos de aprendizagem utilizados no decorrer da obra, de modo a evidenciar os aspectos didático-pedagógicos que nortearam o planejamento do material e como o aluno/leitor pode tirar o melhor proveito dos conteúdos para seu aprendizado.

Introdução do capítulo

Logo na abertura do capítulo, você é informado a respeito dos conteúdos que nele serão abordados, bem como dos objetivos que o autor pretende alcançar.

Síntese

Você conta, nesta seção, com um recurso que o instigará a fazer uma reflexão sobre os conteúdos estudados, de modo a contribuir para que as conclusões a que você chegou sejam reafirmadas ou redefinidas.

Indicações culturais

Ao final do capítulo, os autores oferecem algumas indicações de livros, filmes ou sites que podem ajudá-lo a refletir sobre os conteúdos estudados e permitir o aprofundamento em seu processo de aprendizagem.

Atividades de autoavaliação

Com estas questões objetivas, você tem a oportunidade de verificar o grau de assimilação dos conceitos examinados, motivando-se a progredir em seus estudos e a se preparar para outras atividades avaliativas.

Atividades de aprendizagem

Aqui você dispõe de questões cujo objetivo é levá-lo a analisar criticamente determinado assunto e aproximar conhecimentos teóricos e práticos.

Bibliografia comentada

Nesta seção, você encontra comentários acerca de algumas obras de referência para o estudo dos temas examinados.

A ideia de história universal: origens e problemas

O pensamento brasileiro está vinculado às ideias europeias desde sua origem, de forma mais específica ao modo de pensar português, alicerçado nos valores católicos. Portanto, no Brasil, tardou a surgir um pensamento autônomo. Nesse contexto, destacamos a dependência intelectual, somada às imposições políticas e econômicas, bem como as influências do cristianismo na cultura e no pensamento brasileiros e suas decorrentes manifestações na prática educacional.

1.1
A colonização do Brasil

As principais ideias que marcaram o início da colonização do Brasil se fundamentam, basicamente, no pensamento que predominava em Portugal no século XVI, ou seja, uma mistura das ideias da Idade Média com a nova mentalidade do Renascimento*, que trouxe grandes mudanças culturais, sociais e artísticas. Porém, esse novo pensamento não prevaleceu nos demais continentes, sendo exclusivamente europeu. Na Idade Média predominava, essencialmente, o teocentrismo (Deus como centro de todas as coisas), enquanto o Renascimento se voltava para o antropocentrismo (o homem passou a ser visto como centro das coisas).

Por isso, na Europa, surgiram duas correntes filosóficas, duas novas mentalidades que influenciaram diretamente as Américas, tanto a anglo-saxônica quanto a latina, por causa de países como França, Holanda e Itália, expoentes do Renascimento. Nessas terras, a Reforma** e a educação pública já haviam sido implantadas. A América Latina, entretanto, teve influência direta da cultura medieval, já que Portugal era um país conservador, influenciado pelo Concílio de Trento e pela Contrarreforma.

---

* O Renascimento se caracterizou por ser um movimento filosófico, artístico e literário. Teve início no fim do século XIV e estendeu-se até o término do século XVI. Iniciou-se na Itália e espalhou-se pela Europa (Abbagnano, 2007, p. 852-853). Para se aprofundar no assunto, ver Burckhardt (1991).

** Martinho Lutero (1483-1546) iniciou um movimento propondo reformas na Igreja Católica, lançando suas 95 teses, pois não concordava com várias práticas vigentes no catolicismo, entre elas a venda de indulgências. O protesto de Lutero não foi aceito pelo papa, culminando com sua expulsão da Igreja Católica. Após a expulsão, ele fundou uma nova religião: a luterana. Para se aprofundar no estudo de Martinho Lutero e suas ideias, ver Reale e Antiseri (2004, p. 70-75).

Concílio de Trento

O Concílio de Trento ocorreu na Itália, na cidade de Trento, entre os anos de 1545 e 1563. Convocado pelo Papa Paulo III, teve como finalidade estabelecer algumas medidas em resposta às baixas que a Igreja Católica estava sofrendo em função do protestantismo. Podemos fazer referência a algumas das medidas adotadas pelo Concílio: disciplinar o clero, unificar o ritual da missa, criar seminários para a formação de novos sacerdotes, fazer a confirmação de Cristo na Eucaristia, publicar índice dos livros proibidos (*index librorum prohibitorum*) e reorganizar a Inquisição. Foi no Concílio de Trento que surgiu a Contrarreforma, como uma resposta imediata à reforma. A Contrarreforma teve como finalidade reforçar a fé católica e condenar os erros do protestantismo. Para se aprofundar no tema, ver Reale e Antiseri (2004, p. 80-83).

Na economia europeia da época predominava o sistema feudal, enquanto no Brasil as relações eram bem diferentes, embora os engenhos fossem semelhantes aos feudos, pois a vida do povo era voltada para eles.

O **senhor feudal** europeu concentrava o poder em suas mãos, orgulhava-se de ser cavaleiro e de não ter instrução, e as demais pessoas viviam de acordo com a vontade dele, pois os direitos humanos e a preocupação com o papel da mulher inexistiam nessa época. Consequência disso é que não havia mobilidade social nem instrução.

Esse sistema se reproduziu de modo semelhante no Brasil. O **senhor de engenho** não tinha instrução, não havia ascensão social, os direitos humanos (entre eles, os das mulheres) não eram respeitados e a vida da sociedade se resumia ao engenho.

A única possibilidade, ainda que quase nula, de ascensão social era tornar-se dono de propriedades, em geral de engenhos. Era basicamente assim que, nos primeiros séculos de colonização, estava constituída a sociedade brasileira. De um lado, os nobres, que deram origem à aristocracia rural, constituída pelos senhores de engenho, fazendeiros e sesmeiros; de outro lado, os que não possuíam terras, os escravos, que dependiam diretamente de quem as possuía. Somente após a abolição da escravatura (1888) e com o início da industrialização é que surge uma terceira classe – a classe média.

1.2
O *cristianismo e a Reforma Protestante*

Desde o momento em que o cristianismo passou a ser a religião oficial do Império Romano, todas as áreas que se encontravam sob sua jurisdição se tornaram cristãs. A partir do século IV e durante os séculos seguintes, por toda a Idade Média (476-1453), o cristianismo influenciou a vida das sociedades de forma direta em toda a Europa. Portanto, a Europa sempre foi cristã quase em sua totalidade, praticamente desde o surgimento do cristianismo.

No entanto, no século XVI, a Igreja havia se afastado muito de suas doutrinas originais e de seus princípios, tais como a pobreza, a retidão e a simplicidade, e havia se tornado uma religião de luxo e ócio. Em função da mudança de seus princípios, surgiam críticas como as expostas nas obra *Elogio da loucura* (1509), de Erasmo de Roterdã, que foi a base para Martinho Lutero romper com a Igreja Católica e fundar a Igreja Luterana (Erasmo, 1979).

No campo da moral, a Igreja também enfrentava crises, pois estava mais preocupada com as questões políticas e econômicas do que com a religião, tanto é que, como forma de aumentar seu poder e suas riquezas, passou a vender indulgências.

Paralelamente, o processo de desenvolvimento das monarquias nacionais fez com que as pessoas de uma região, que falavam a mesma língua, passassem a se identificar mais com seu representante, no caso o rei, do que com a autoridade papal.

A crescente burguesia também se opôs à Igreja Católica tradicional, pois esta não considerava justo o acúmulo de dinheiro e o empréstimo de dinheiro a juros e associava essas práticas ao pecado – apenas a propriedade de terras era tida como prática correta. A burguesia em ascensão considerava que os princípios da Igreja Católica eram obstáculos para seu desenvolvimento, pautado na busca por satisfação material. Assim, segundo Tobias (1987, p. 25-26),

> *A livre interpretação da Bíblia, a consequente autonomia da razão humana, violento complexo contra a Filosofia, contra a Escolástica, contra Aristóteles e Tomás de Aquino, assim como o movimento contra o Papa, contra o culto a Nossa Senhora, contra a devoção tradicional do português pelos santos, contra a união da Teologia com a Filosofia e a favor da volta para os clássicos e para o mundo pagão são algumas das qualidades que vieram marcar e caracterizar o movimento religioso chamado de Reforma ou Protestantismo.*

A Reforma culminou na divisão dos cristãos europeus em católicos e protestantes. Essa divisão acabou com a hegemonia espiritual e política da Igreja Católica e, consequentemente, enfraqueceu a autoridade do papa.

A Reforma Protestante teve início na Alemanha, tendo como líder o frade agostiniano **Martinho Lutero**. Ele defendia a salvação pela fé em vez da teoria da predestinação, opondo-se a práticas como a compra da absolvição dos pecados (indulgências). No ano de 1517, revoltado com as atitudes da Igreja Católica, Lutero fixou na porta de sua igreja suas 95 teses*. Três anos mais tarde, ele foi ameaçado de condenação pela Igreja Católica; no entanto, em razão de sua popularidade, isso não ocorreu. Por acreditar que cada um poderia interpretar as Sagradas Escrituras de acordo com sua consciência, Lutero traduziu a Bíblia do latim para o alemão.

Ainda nessa época de grandes mudanças, (século XVI), surgia na Alemanha a **escola pública**, a qual era composta por professores leigos pagos pelo Estado. Ela se espalhou por toda a Europa; entretanto, não chegou a Portugal, nem consequentemente, ao Brasil. Na América do Norte, os Estados Unidos passaram a ser influenciados pelas ideias capitalistas do calvinismo, outra doutrina protestante, a qual pregava a teoria da predestinação** e defendia a ideia de lucro, motivo pelo qual ganhou o apoio da burguesia. Seguindo essa visão, os norte-americanos passaram a se considerar os "eleitos", e assim as raças consideradas inferiores, da América Latina, deveriam servir a eles.

Contrariamente a algumas correntes de pensamento protestante, o catolicismo continuou seguindo o princípio de Jesus de que todos os homens são iguais. Isso gerou uma divisão muito evidente na América: de um lado, os seguidores de Calvino, defensores da discriminação racial e da escravização dos índios; de outro, a filosofia ensinada pelos padres

---

* As 95 teses eram uma crítica não só à prática da venda de indulgências como também aos mais importantes pontos da própria doutrina da Igreja Católica. O Papa Leão X exigiu a retratação, mas Lutero sempre se recusou a apresentá-la e até mesmo queimou a bula papal de excomunhão como forma de protesto.

** A doutrina da predestinação pode ser entendida como a manifestação do desejo de Deus em relação a cada indivíduo, ou seja, Deus escolheu o que cada um será independentemente da vontade do sujeito; portanto, uns são escolhidos à vida eterna e outros à danação. Exemplo: se o indivíduo nasceu pobre, tal condição social pode ser entendida como manifestação da vontade divina, da mesma forma que acontece no caso daquele que o sujeito nasceu rico.

jesuítas, que visava "amansar" os índios, convertendo-os à fé católica e incorporando-os à cultura portuguesa. A fundação da **Companhia de Jesus*** e a realização do **Concílio de Trento**, com base no princípio cristão de igualdade entre os homens, fizeram com que os seguidores da Reforma olhassem com desprezo para o Brasil.

Segundo Tobias (1987, p. 27-28),

> *Os povos que aceitaram os princípios da Contrarreforma e seguiram a teologia e a filosofia da Companhia de Jesus e do Concílio de Trento, além de padecerem de isolamento religioso, político, social e comercial, irão ser designados como partidários de sistemas e do mundo sintetizados pelos pejorativos termos da "Escolástica" e de "Idade Média", ideias com que se começam a chamar gente e povos fora de circulação e condenados a viver como subdesenvolvidos, marcados por Deus para servirem aos povos "eleitos".*

Os jesuítas eram educadores pagos pelo governo português, tinham formação avançada e, de certa forma, eram os representantes do rei aqui no Brasil. Difundiam as ideias da Contrarreforma, pregavam o catolicismo e introduziam a cultura portuguesa entre os índios. Na contramão, o Concílio de Trento tornava laico o ensino nas universidades e enclausurava os religiosos em suas casas, conforme os atos listados por Tobias (1987, p. 30):

> *1) criação de seminários para a formação do clero secular e regular do Brasil; 2) supressão indireta, inclusive no Brasil, das faculdades de Teologia do recinto das Universidades, com a consequente mudança substancial da estrutura das Universidades que irão formar os líderes no Brasil; 3) início da laicização, primeiro no ensino superior e logo mais em todo o ensino oficial luso-brasileiro; 4) preparação do ambiente, em*

---

* A Ordem dos Jesuítas ou Companhia de Jesus foi fundada por Inácio de Loyola no ano de 1540, em Paris e tornou-se conhecida pelo seu trabalho missionário e educacional.

> Portugal e no Brasil, para o Marquês de Pombal suprimir a Companhia de Jesus, mudar a filosofia da educação brasileira e os destinos do Brasil, pela introdução do Cientificismo e supressão da Teologia nos ambientes de ensino oficial.

Além dos aspectos abordados anteriormente e da Inquisição, devemos destacar que, a partir da Contrarreforma, o Brasil integrou-se de maneira mais efetiva na cultura ibero-americana, pois o Concílio de Trento serviu como divisor de águas entre o mundo católico e o universo protestante, entre a educação baseada nos princípios da religião medieval e a educação pública pautada nos valores protestantes, entre a América Latina e os Estados Unidos.

1.3
Calvinismo

Uma das doutrinas religiosas protestantes, rigorosa e intransigente, foi o calvinismo, fundado em 1531 por **João Calvino**, na Suíça. Suas ideias foram bem aceitas pela burguesia nascente. Calvino pregava uma visão dignificante do trabalho, o qual até então (desde a Antiguidade) era visto como um mal necessário, um castigo, devendo ser realizado pelas classes inferiores, que estavam abaixo dos que rezavam e dos que guerreavam. O calvinismo conquistou um número significativo de adeptos, pois pregava a **teoria da predestinação**, isto é, ideia de que Deus já escolheu quem irá para o céu. Mas permanece o questionamento: como saber quem são os escolhidos? Para Calvino, uma vida regrada e honesta, de acordo com os mandamentos divinos, faria com que o fiel sentisse em seu coração que era um predestinado.

Ainda segundo Calvino, desenvolver as potencialidades e o talento era uma forma de servir a Deus; da mesma forma, a preguiça e os prazeres eram uma ofensa a Deus – essa ideia fez com que muitos de seus seguidores fossem chamados *puritanos*. No entanto, os fiéis acreditavam que a ascensão pelo trabalho e o acúmulo de riquezas eram sinais de que Deus os havia abençoado; portanto, possuir riqueza e não as possuir também era desígnio de Deus.

Portugal, no século XVI, continuou a preservar a tradição católica, herança da Idade Média. O calvinismo não afetou **Portugal** nem a **Espanha**, pois esses países **consideravam as atividades comerciais e bancárias humilhantes**, que, assim, deveriam ser desempenhadas pelos escravos; além disso, eram consideradas atividades imorais e, por isso, proibidas pela religião.

As consequências dessa cultura foram prejudiciais para Portugal e também para o Brasil, pois os defensores do lucro e do acúmulo de riquezas, os seguidores de Calvino e os judeus, dominaram as atividades comerciais e bancárias, principalmente aqui no Brasil.

As atividades açucareiras eram as mais rentáveis do novo continente; porém, os colonizadores portugueses foram gradativamente entregando os engenhos aos burgueses europeus em ascensão, porque não trabalhavam nem cuidavam das finanças (atividade realizada pelos banqueiros), além de ostentarem uma vida luxuosa, que acabava por levá-los à falência.

Segundo Tobias (1987, p. 25-26),

> *o rico e benéfico mundo do comércio brasileiro do açúcar, explorado pelo cristão novo, foi malvisto ou abandonado pelo português e pelo brasileiro: 1) por causa do conceito de comércio como algo ilícito e pecaminoso; 2) por causa da ideia de juros, tida como coisa imoral; 3) por causa da ideia de trabalho, que desdenhava como vil e aviltante o trabalho do comércio.*

Os princípios do catolicismo frearam o desenvolvimento da economia brasileira, impedindo-a de crescer de maneira sólida. Contudo, isso não impediu a exploração do trabalho de quem tinha menos condições materiais. O contrário aconteceu nos países que adotaram ideais protestantes – eles passaram a estimular o trabalho, em busca do acúmulo de riquezas, e desenvolver a consciência de que a riqueza era necessária para a satisfação da vida terrena e não implicaria a perda da alma. A concepção de submissão e renúncia à materialidade, adotada em Portugal e por consequência no Brasil, também teve reflexos na educação, conforme veremos adiante.

1.4
Educação e cultura nativa

No Brasil, desde o início da colonização, a educação foi deixada em segundo plano. Os **jesuítas** foram os primeiros educadores e atuaram até 1759, ano em que foram expulsos do Brasil. A educação exaltava os princípios humanos do cristianismo e a filosofia aristotélico-tomista, que, em suma, condenava empréstimo de dinheiro a juros, bem como a aquisição de bens por meio de empréstimos, pois esse procedimento era considerado injusto e antinatural.

O processo de educação teve início com os nativos. Primeiramente, eles foram tratados com afeto pelos portugueses, em virtude do amor cultivado pelas Índias, que originou o nome *índio*. De início, os índios receberam instrução e proteção contra quem queria escravizá-los, pois "o primeiro instante da convivência dos padres jesuítas e dos índios do Brasil é antes de tudo um episódio de amizade humana suscitada pelo ideal cristão" (Machado, 1976, p. 20). Porém, com o passar do tempo, os jesuítas foram abandonando os índios. Isso porque a mentalidade ensinada aos índios, isto é, a ideia de que deveriam obedecer e tornar-se católicos, tornou-os mais suscetíveis à escravidão.

Além disso, surgiu dessa prática pedagógica de catequização realizada pelos jesuítas o interesse de muitos jovens de se tornarem padres, o que foi favorecido, em parte, pela decisão do Concílio de Trento de criar seminários para a formação de clérigos. Esse ambiente propiciou o **"mito do padre"** – tornou-se tradição que as famílias formassem pelo menos um padre, o qual seria o representante da fé perante Deus.

De modo semelhante, para as mulheres, tornar-se freira passou a ser mais importante do que ser mãe – ir para o convento e servir a Deus era considerado uma prática superior. A grande aceitação do ideal jesuíta no Brasil trouxe uma grave consequência para a Igreja Católica: os seminários e os conventos ficaram lotados de pessoas que não tinham vocação para o sacerdócio, o que acarretou uma decadência moral e religiosa dentro da instituição.

As diferenças culturais foram aumentando cada vez mais entre a América Latina e Brasil e a América Anglo-Saxônica, os Estados Unidos. Com a expulsão dos jesuítas, o ensino no Brasil tornou-se ainda mais elitizante, sendo acessível apenas para os filhos das famílias mais abastadas, que iam estudar, em grande parte, na Universidade de Coimbra.

Outro fator significativo é que até 1810 o Brasil não tinha nenhuma escola de ensino superior. A primeira universidade surgiu somente em 1912. Como comparação, os Estados Unidos, já no século XVI, tinham cinco universidades.

Além disso, os seguidores de Calvino se esforçavam para que um número maior de pessoas lessem a Bíblia; no Brasil, ocorreu o inverso, grande parte das pessoas não tinha acesso ao texto sagrado, sem contar que a maior parte da população era analfabeta. Essa característica contribuiu imensamente para a difusão da ideia, imposta pelos norte-americanos, de que os latinos eram de raça inferior, de civilização subdesenvolvida, cujas sociedades não tinham perspectiva de evolução. Isso perdurou durante vários séculos, haja vista a população latina não ter acesso à educação, o que tornava praticamente impossível a mudança de classe social.

1.5
Religião, política e economia

Cada povo tem seus os próprios costumes, leis, crenças e hábitos. Portugal, como citado anteriormente, sempre esteve impregnado dos princípios do cristianismo. Com a descoberta da América e com o início da colonização, inevitavelmente os costumes católicos e a fé em Jesus Cristo foram transmitidos às pessoas pelos padres jesuítas, que, por meio da catequese, procuraram inserir as pessoas, principalmente os nativos (indígenas), no mundo cristão. Esse era o principal objetivo do governo português, o que se observava também nas atitudes de cada cidadão lusitano. Assim, o início da colonização portuguesa no Brasil foi fortemente marcado pela introdução e consolidação da fé católica nas comunidades nativas e, de forma geral, em todos os habitantes da colônia.

A fé cristã e a colonização

A fé cristã-católica é evidenciada na colonização brasileira pelos seguintes aspectos:

1) por causa da cruz enfincada como sinal de posse e por causa do cruzeiro plantado como símbolo de início de patrimônio e de cidade no Brasil; 2) por causa do culto a Nossa Senhora; 3) pela igrejinha pertencente à fé católica e construída no início de qualquer engenho, povoado, vila ou cidade; 4) pela escola e pela filosofia da educação brasileiras, vitalizadas e marcadas pela fé cristã; 5) pelo Governo, unido oficialmente à Igreja Católica; 6) pela praticamente totalidade

> *dos brasileiros, normalmente católicos; 7) pelo papel representado como maior de rechaçar estrangeiros infiéis como o foram os franceses e holandeses; 8) pelo folclore e pela literatura; 9) pelo primeiro período de quase três séculos da História da Educação Brasileira, chamado de 'Educação cristã'; 10) pelas doutrinas filosóficas como o Ecletismo, o Iluminismo, o Positivismo, o Marxismo que historicamente têm como pano de fundo a fé cristã; 11) pelas leis, pelo recinto das escolas e dos fóruns, assim como pelo interior dos lares brasileiros e dos lugares mais vistosos das cidades, amiúde enfeitados pela cruz, quando não às vezes pelo próprio rosário; 12) pela aceitação total da implantação da Contrarreforma no Brasil; 13) pela posição do brasileiro perante a cobrança de juros, aceita pelo Calvinismo e condenada pelo Catolicismo.* (Tobias, 1987, p. 58)

A ideia de que o **poder do rei** tinha **origem divina** fez com que a colônia, durante os primeiros séculos, não tentasse realizar mudanças no modo de administração imposto por Portugal. As pessoas acreditavam que era um grave pecado contrariar as leis impostas pelo rei, ideia que a Igreja Católica observava seriamente.

As pessoas respeitavam tanto o poder do rei que, de acordo com Omegna (citado por Tobias, 1987, p. 62), chegavam a crer que ninguém

> *podia montar o cavalo que um dia o rei montara e à amante dos reis não se permitia, mesmo depois de abandonada, que se entregasse a outro homem, necessitando ingressar como freira no claustro. Conta-se que as mulheres que chamavam a atenção real e se viam assaltadas pela luxúria dos príncipes costumavam repelir solicitações dos namorados coroados com a frase: "Vá com Deus, que não quero ser monja".*

Sendo o Brasil uma **colônia essencialmente agrícola**, não havia, da parte dos líderes, interesse na perspectiva de as pessoas receberem instrução, pois se acreditava que, se elas estudassem, passariam a buscar outros trabalhos e deixariam de produzir riquezas para a metrópole.

Dessa forma, o Brasil se submeteu a Portugal por um longo período, pois as pessoas não tinham uma visão crítica da realidade e aceitavam passivamente a submissão, porque já haviam interiorizado uma consciência de inferioridade.

Os índios que aqui se encontravam tinham uma visão de coletividade, ou seja, as terras pertenciam às tribos. Porém, esse direito não foi respeitado pela Coroa portuguesa. Inicialmente eram construídas feitorias para facilitar o escoamento das matérias-primas que daqui eram retiradas, bem como para prestar abrigo aos navios que aportavam na colônia. Em 1532, ocorreram as primeiras doações de terras a particulares, os **latifúndios**, chamados **capitanias hereditárias**. Nem todas as capitanias prosperaram em razão do grande investimento que era necessário, pois aqui não havia infraestrutura alguma.

O governo português, vendo o interesse de outros países nas terras brasileiras, percebeu a necessidade de fixar pessoas ricas nessas terras para não perdê-las. Foram criadas, então, as sesmarias. As pessoas com muito dinheiro, bem como as empresas internacionais que aqui se instalaram, deram origem ao latifúndio.

O latifúndio predominará por toda a história do Brasil, inicialmente com a escravização dos índios e, a partir de 1570, com a importação de negros. Como já ressaltamos, por herança medieval, os portugueses consideravam qualquer trabalho como algo inferiorizante. Assim, os latifúndios, apoiados pelo rei, eram tocados com mão de obra escrava.

Da forma como a sociedade estava estruturada, **não havia mobilidade social**. Em geral, de um lado estavam os latifúndios, de outro os que não possuíam terras. Os filhos dos latifundiários estudavam e herdavam as propriedades de seus pais, enquanto os filhos dos escravos continuavam sendo escravos.

Outra maneira de a metrópole manter o domínio sobre a colônia foi o **pacto colonial**. A monarquia portuguesa, com sua política econômica mercantilista, tinha como principal fonte de riqueza as colônias. Por meio desse pacto, a metrópole conseguia adquirir produtos da colônia com preço baixo e revendê-los na Europa, obtendo lucros altíssimos. Portugal ainda transformava as matérias-primas em produtos manufaturados e tinha o direito de vendê-los às colônias – nisso consistia a essência do capitalismo comercial.

O pacto colonial

"Pacto colonial indica uma relação de dominação política e econômica de uma potência sobre um país ou região, geralmente mais pobre e menos desenvolvido" (Arruda; Piletti, 2000, p. 191). Tal situação aconteceu no Brasil quando nossas terras eram colônia de Portugal. A relação política e econômica entre Brasil e Portugal foi totalmente desproporcional, pois o Brasil foi explorado em todos os sentidos, sem ter autonomia para mudar sua realidade política e econômica.

Com o interesse de obter lucros à custa da colônia, o governo português passou a produzir açúcar com mão de obra escrava e revendê-lo para a Europa. Os portugueses já tinham certa experiência no cultivo da cana-de-açúcar, e as terras brasileiras, em virtude do clima, eram favoráveis à produção do açúcar.

Para se tornar ainda mais rentável, a produção deveria ser em larga escala. Desse modo, quem desenvolvia esse mercado eram os grandes proprietários de terras (latifúndios). Visando atender a toda a demanda do mercado europeu, a burguesia mercantil utilizou em larga escala a mão de obra escrava. Os índios também foram escravizados, mas, eles não geravam lucros para os traficantes de escravos portugueses.

Assim, por ser colônia portuguesa na África, Angola passou a ser a principal fornecedora de escravos para o Brasil. Até a segunda metade do século XVII, aquele país havia exportado mais de um milhão de escravos. O tráfico negreiro tornou-se um comércio muito lucrativo. Amontoados em porões de navios onde mal conseguiam respirar, os negros eram transportados até o Brasil. Nessas viagens, quase a metade não resistia e acabava morrendo.

O senhor do engenho tinha autoridade absoluta nos domínios da propriedade. Também viviam nessas terras alguns homens livres, que eram lavradores, produtores de cana e vendedores ambulantes.

Havia ainda, na propriedade, a senzala, moradia dos escravos. Ali eles dormiam amontoados e sofriam maus-tratos dos mais variados tipos. Diante de tamanha humilhação (tortura, discriminação racial, castigo, excesso de trabalho) e subordinação, muitos escravos recorriam ao suicídio para se livrar da violência dos brancos.

Outra saída mais corriqueira adotada pelos escravos era a fuga. Eles fugiam sozinhos ou em grupos, mesmo correndo o risco de serem capturados pelos capitães do mato. A união dos grupos de escravos fugitivos resultava na construção de quilombolas, reduto onde tentavam impor o espírito de comunidade em busca da sobrevivência, recuperando parte da cultura e da organização social que tinham na África.

Esse processo de exploração fez com que as monarquias europeias se consolidassem a partir do século XVIII, com o grande acúmulo de riquezas, processo que foi denominado **acumulação primitiva** e que deu início ao desenvolvimento industrial. Assim, a América herdou uma grande desigualdade social: de um lado, um pequeno grupo de privilegiados; de outro, uma grande massa de trabalhadores explorados vivendo na miséria.

O Brasil foi influenciado diretamente pela religião católica e pelos valores do cristianismo, portanto a colonização não teve somente imposições políticas e econômicas. O pensamento que predominou durante o período da colonização esteve baseado na política da metrópole com base no auxílio dos jesuítas, que se manifestava tanto na religião quanto na educação. Também as condições sociais durante a colonização foram baseadas no poder econômico e político díspar, pois uma pequena parte da população detinha o poder político e econômico e o restante da população era submetido à exploração, ao trabalho escravo e à miséria espiritual e material.

Síntese

Neste capítulo, abordamos a colonização e seu impacto sobre a construção das ideias no Brasil, na vida política e econômica. Aliada aos fatores mencionados, também a doutrina católica teve grande influência tanto na absorção dos elementos da religião quanto na sua afirmação e na recusa de elementos do protestantismo. Desse modo, enquanto o protestantismo estimulava o acúmulo de riquezas, o catolicismo, por meio de sua doutrina, pregava a renúncia à materialidade. De modo geral, neste capítulo examinamos as relações de domínio e exploração impostas pela metrópole e o resultado de tais ações na sociedade brasileira.

Indicações culturais

Filmes

DESMUNDO. Direção: Alain Fresnot. Brasil: Columbia Tristar, 2001. 100 min.

DESCOBRIMENTO do Brasil. Direção: Humberto Mauro. Brasil: Distribuidora de Filmes Brasileiros, 1937. 83 min.

Atividades de autoavaliação

1. Com base no estudo do capítulo, analise as alternativas a seguir e marque V (verdadeiro) ou F (falso).

    ( ) O Brasil foi influenciado diretamente, desde o início da colonização, pelos valores da cultura e da religiosidade cristã.

    ( ) A economia brasileira durante a colonização assemelhava-se muito com o sistema feudal. Apesar de o sistema econômico brasileiro ter sido bem diferente do europeu, os engenhos eram semelhantes aos feudos, pois a vida ali era voltada para o engenho e seu senhor.

( ) A organização da sociedade brasileira em torno do engenho durante a colonização diferenciava-se do feudalismo europeu por ser um sistema justo e igualitário; portanto, não havia escravidão e exploração do trabalho humano e também eram respeitados os direitos das pessoas.

( ) A sociedade brasileira durante a colonização era constituída, de um lado, pelos nobres, que deram origem à aristocracia rural, formada pelos senhores de engenho, fazendeiros e sesmeiros e, de outro, pelos que não possuíam terras, os escravos, que dependiam diretamente dos latifundiários.

2. Considerando a condição econômica da Europa do século XVI e do Brasil dessa época, podemos perceber algumas características semelhantes, ainda que manifestadas de modo diferente em virtude das diferenças entre as duas sociedades, pois Portugal comandava a colônia e por isso o Brasil não tinha uma economia organizada, já que dependia exclusivamente da metrópole. Com base nessa ideia, assinale a alternativa correta:

a) A economia europeia era baseada no feudalismo. Apesar de o "sistema feudal" brasileiro ter sido bem diferente do europeu, pois não tinha a estrutura do castelo, os engenhos eram semelhantes aos castelos, pois a vida do povo era centrada neles, assim como a vida das pessoas que viviam sob a jurisdição do feudo era totalmente voltada para o castelo.

b) Tanto o senhor feudal quanto o senhor de engenho eram pessoas muito instruídas, o que justifica o fato de o castelo e o engenho serem administrados com base em noções científicas da administração, com ênfase na convivência harmônica e justa entre os senhores e seus subordinados.

c) A mulher tinha um papel relevante na estrutura dos engenhos no Brasil Colônia, pois era ela quem organizava a vida social, sempre priorizando os interesses das pessoas que as serviam, já que pagavam salários.

d) A principal contribuição de Portugal para a colonização brasileira foi a questão organizacional. Isso quer dizer que a economia no Brasil Colônia se deu nos moldes da organização econômica dos Estados Unidos na época da colonização inglesa.

3. Em relação ao cristianismo e aos conflitos que surgiram especificamente dentro da Igreja Católica na Europa (e que de certo modo se espalharam pelo mundo), é **incorreto** afirmar:

a) As bases morais da Igreja também enfrentavam crises, pois ela estava mais preocupada com as questões políticas e econômicas do que com a religião, tanto é que, a fim de aumentar seu poder e suas riquezas, passou a vender indulgências.

b) A burguesia se opôs à Igreja Católica, pois esta proibia a usura e a busca desenfreada pela riqueza. Tal mentalidade se apresentava de maneira oposta no protestantismo, no qual se manifestava com maior intensidade a cada momento.

c) A Reforma foi a divisão dos cristãos europeus em católicos e protestantes. Essa divisão acabou com a hegemonia espiritual e política da Igreja Católica, bem como enfraqueceu a autoridade do papa.

d) A Igreja Católica difundiu pelo Ocidente os valores cristãos arraigados pela mentalidade medieval, anulando totalmente o protestantismo e a perspectiva capitalista que este apresentava.

4. Analise a citação a seguir:

Criação de seminários para a formação do clero secular e regular do Brasil; 2) supressão indireta, inclusive no Brasil, das faculdades de Teologia do recinto das Universidades, com a consequente mudança substancial da estrutura das Universidades que irão formar os líderes no Brasil; 3) início da laicização, primeiro no ensino superior e logo mais em todo o ensino oficial luso-brasileiro; 4) preparação do ambiente, em Portugal e no Brasil, para o Marquês de Pombal suprimir a Companhia de Jesus, mudar a filosofia da educação brasileira e os destinos do Brasil, pela introdução do Cientificismo e supressão da Teologia nos ambientes de ensino oficial. (Tobias, 1987, p. 30)

As medidas mencionadas nessa citação foram resultado de uma longa discussão acerca das mudanças que os líderes da Igreja Católica entendiam que deveriam ser feitas. Assinale a alternativa que corresponde corretamente ao documento que promulgou as medidas citadas:

a) Reforma Protestante.
b) Concílio de Trento.
c) Calvinismo.
d) Laicização da fé católica.

5. A educação no Brasil, desde o início da colonização, foi bastante deficitária, pois era direcionada pelos interesses da metrópole e de quem a governava. Assim, não era viável estabelecer meios capazes de oferecer educação de qualidade, que beneficiasse um número significativo de pessoas. Considerando essas ideias, analise as alternativas a seguir sobre a educação no Brasil e assinale a proposição correta:

a) No Brasil Colônia, o sistema educacional era uma cópia fiel da educação portuguesa, por isso, todas as pessoas tinham acesso livre à educação, independentemente de sua condição social ou religiosa.

b) O acesso livre à leitura da Bíblia durante o período colonial serviu de incentivo para que as pessoas procurassem a escola, com a finalidade de instruir-se nas letras, de modo a poderem compreender as doutrinas católicas.

c) A educação foi deixada em segundo plano: os primeiros educadores foram os jesuítas, expulsos do Brasil em 1759. A educação exaltava os princípios humanos do cristianismo e a filosofia aristotélico-tomista, que, em suma, condenava o empréstimo de dinheiro a juros e a aquisição de bens por meio de empréstimos, pois considerava esse procedimento injusto e antinatural.

d) Logo no início da colonização, o governo português teve a preocupação de criar universidades a fim de democratizar ainda mais a educação e viabilizar uma sociedade esclarecida. Também a catequese jesuítica foi fundamental para instruir os indígenas e torná-los cristãos autênticos, de modo a superar seus maus hábitos.

Atividades de aprendizagem

1. Com base na leitura do capítulo, faça uma análise sobre os principais aspectos que influenciaram o Brasil durante o período da colonização e os reflexos que as políticas adotadas na época trouxeram para o País.

2. Faça uma pesquisa em livros, artigos ou na internet sobre as políticas adotadas durante o Brasil Colônia e, em seguida, elabore uma crítica sobre a colonização portuguesa no Brasil.

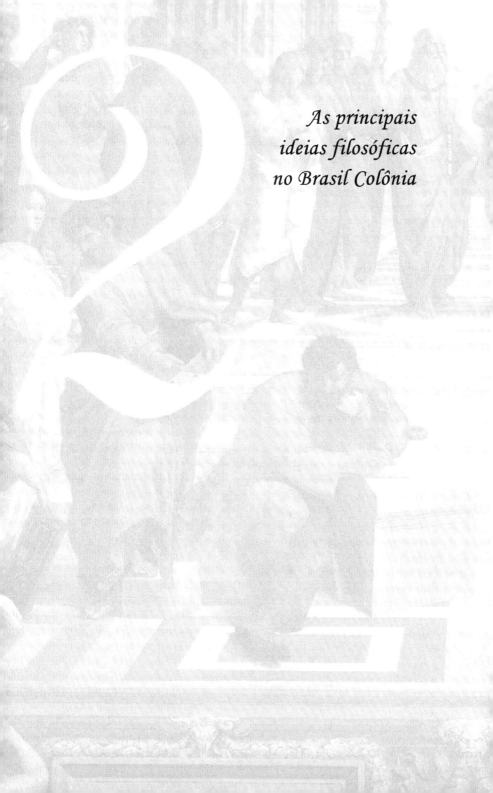

2

As principais ideias filosóficas no Brasil Colônia

Como tendência natural do espírito humano, a filosofia surge da inquietação que se segue à percepção dos mistérios ocultos no mundo e no próprio homem, como o esforço do pensamento lógico-racional para construir conhecimento e desvelar fenômenos e entes, visando transcendê-los e dar-lhes sentido. Entretanto, este estudo não se propõe a questionar o sentido da filosofia no Brasil nem a existência ou não de uma filosofia brasileira, porque o esforço para compreender o espírito humano que subjaz à construção do pensamento colonial brasileiro vai além da simples investigação empírica, pois busca um saber maior que aquele percebido diretamente pelos sentidos e, assim, já é um filosofar sobre as ideias que fundamentaram o Brasil Colônia.

2.1
Panorama histórico

O *pensamento colonial* brasileiro foi objeto de inúmeros estudos, apesar da dificuldade que os pesquisadores encontram, uma vez que muitos dos documentos do período colonial foram perdidos ou desapareceram em 1759, quando o Marquês de Pombal determinou a expulsão dos jesuítas dos territórios portugueses, confiscando e destruindo livros e manuscritos da Companhia de Jesus. Alguns dos mais importantes documentos que existem sobre o período estão sob a guarda de arquivos, museus e bibliotecas públicos (bem como em acervos particulares), e o acesso a essa documentação não é muito fácil, pois se trata de obras raras.

Não obstante a escassez de dados, o pesquisador encontra na monumental obra do Pe. Serafim Leite, eminente historiador e cronista da ação da Companhia de Jesus no Brasil, uma importantíssima fonte de consulta. Assim, apesar de os documentos serem escassos e de difícil acesso, é possível escrever a história da filosofia no Brasil Colônia com base na cultura e na história sociopolítica do período, cujas ações e consequências refletem o pensamento da época.

Pe. Serafim Leite

Pela importância que tem para a história do Brasil, consideramos oportuno sugerir algumas obras que tratam sobre o Pe. Serafim Soares Leite, S. J.:

Sobre a obra de Serafim Leite, *História da Companhia de Jesus no Brasil* (quatro volumes), publicada em 2005, com 2.196 páginas, *pelas Edições Loyola* Jesuítas, o Pe. Cesar Augusto dos Santos, coordenador da obra, informa:

> Recordando os 500 anos do "descobrimento" do Brasil pelos portugueses, os 450 anos da chegada da Companhia de Jesus ao Brasil, em 29 de março de 1549, e celebrando em 2003 os 450 anos da vinda do Apóstolo ao Brasil e em 2004, os 450 anos da fundação do Colégio de Piratininga que deu origem à Cidade de São Paulo, julgamos oportuno reeditar a obra monumental do Pe. Serafim Leite, SJ. (Leite, 2005)

Indicamos ainda os seguintes trabalhos:

PUNTONI, P. Um tour de force erudito: clássico sobre jesuítas está de volta. **Pesquisa Fapesp**, ed. 112, 2005. Resenha. Disponível em: <http://revistapesquisa.fapesp.br/2005/06/01/resenha-a-historia-da-companhia-de-jesus-no-brasil/>. Acesso em: 16 abr. 2015.

UCHOA, L.; BARBOZA, M. J. **Serafim Soares Leite**: A Companhia de Jesus e os índios na capitania do Rio de Janeiro. Séculos XVI, XVII e XVIII. Trabalho acadêmico (História do Brasil) – Departamento de História, Pontifícia Universidade Católica do Rio de Janeiro, Rio de Janeiro, 2011. Disponível em: <https://acompanhiadejesuseosindios.files.wordpress.com/2011/09/serafim-soares-leite1.pdf>. Acesso em: 14 jul. 2023.

2.2
Período escolástico*: o moralismo

Sobre a colonização do Brasil e as formas de pensamento da época, Crippa (1978a, p. 12) afirma:

> *A formação dessa realidade geográfica e histórica que se chama Brasil inclinou-se, de fato, com o descobrimento. A consciência ocidental, impulsionando os portugueses, chegou a um mundo novo. A dilatação do Império e o triunfo da Fé eram uma necessidade cultural para uma consciência formada na perspectiva de um mundo projetado além-mares. No bojo do gesto de descobrir repousavam a consciência e o pensamento que vieram sendo formados nos últimos séculos da história europeia. Além disso, os homens que cumpriram para o Império e a Fé a missão de atravessar o oceano eram fruto de um longo amadurecimento intelectual. A instância filosófica estava neles presente de maneira natural. Seus escritores e poetas, seus sacerdotes e conselheiros, seus guias e chefes traziam em si mesmos aquela visão de mundo e aquele sentido das coisas que tornara possível as viagens de descobrimento.*

À época da colonização do Brasil, Portugal entrava na Idade Moderna pelo caminho filosófico da Contrarreforma, objetivando combater as heresias e os infiéis, o que deu novo ânimo à vida espiritual, levando à reorganização das finanças da Igreja, à criação de novas ordens religiosas, à expulsão dos padres cuja conduta fora inadequada e ao restabelecimento da Inquisição.

Esse caminho da Contrarreforma colocou Portugal na contramão dos países de além-Pireneus, que, nessa época, já avançavam em direção ao pensamento cartesiano da modernidade. Com isso, Portugal dava

---

* Chama-se *escolástica* por ser a filosofia ensinada nas escolas. *Scholasticus* é o professor das artes liberais e, mais tarde, também o professor de filosofia e teologia, oficialmente chamado *magister* (Aranha; Martins, 1996, p. 72).

origem ao movimento que ficou conhecido como **segunda escolástica portuguesa**, que se caracterizou por duas fases distintas: o período barroco (escolástica da Contrarreforma, de 1500 a 1650) e o período tomista (retorno à rigidez das ideias filosóficas do espírito escolástico combinadas com a Inquisição, por meio dos jesuítas, de 1650 a 1750).

Assim, Portugal se mantinha à parte dos avanços de sua época:

durante os séculos XVI e XVII e primeira metade do século XVIII, o Santo Ofício e a rigidez pedagógica dos jesuítas mantiveram Portugal num mundo cada vez mais distanciado das novas conquistas do espírito humano. A inquisição funcionava como reguladora das manifestações heréticas, sustentando a pureza da fé. Por outro lado, a RATIO STUDIORUM, conjunto de normas reguladoras dos cursos jesuítas, colocava, no cimo do saber, a Teologia, e esta subordinava todos os outros ramos do conhecimento. Evitava-se a influência das ideias e teorias que viessem de encontro à tradição oficialmente estabelecida. Rompera o Estado ibérico com a cultura positiva [...]. Apesar de ter criado o capitalismo moderno, perdia o Império o compasso do tempo cultural da Europa, tornando-se [...] uma Ilha de Purificação. (Mercadante, 1978, p. 65-66)

O ponto central da segunda escolástica portuguesa era baseado na reação contra a Reforma Protestante apresentada nas disposições do Concílio de Trento (1545-1563) e consistia na defesa da ortodoxia católica, cuja expressão máxima foi o documento *Ratio Studiorum*.

A consequência foi que Portugal jamais elaborou, de forma convincente, o ideário renascentista, porque suas ideias científicas e filosóficas não penetraram a ética medieval escolástica adotada pela metrópole.

A visão de mundo que se tem do Brasil Colônia estava identificada ao pensamento escolástico que orientava o modo de vida lusitano, o qual foi transplantado para o Brasil como modelo cultural porque Portugal assumia a defesa da fé além de suas fronteiras. De fato, durante o período colonial, o pensar escolástico foi hegemônico; no entanto, para fins didáticos, distinguem-se dois períodos:

1. **Período escolástico** – Vai desde o descobrimento (século XVI) até a adoção de *As instituições da lógica*, de Antonio Genovesi*, em 1773 (século XVIII).
2. **Período iluminista** – Inicia-se em 1773 (século XVIII), com a adoção de *As instituições da lógica*, de Genovesi, como texto oficial do ensino de filosofia, até o final do período colonial, em 1822 (portanto, século XIX).

Apesar de se caracterizar como escolástico, o pensamento medieval, além do aristotelismo-tomismo**, em seu primeiro período, também sofreu influências do platonismo e, no segundo período, das tendências ecléticas, de influência francesa, as quais se manifestaram nas ideias iluministas modernas, as quais se juntaram ao pensamento escolástico na metrópole e no Brasil Colônia.

---

* O pensamento do italiano Genovesi (1713-1769), embora mantivesse alguns traços importantes da visão ibérica de mundo, tais como a postura cético-eclética, a rejeição do espírito de sistema, a ênfase dada à fé e a preservação da teoria do silogismo, apresentava uma forte coloração moderna, ao aproximar de maneira eclética o racionalismo cartesiano ao empirismo lockeano, além de fazer uma crítica ao aristotelismo e ao tomismo, sem mencionar explicitamente sua inspiração em John Locke.

** As ideias de Tomás de Aquino uniram o aristotelismo e a teologia cristã numa estrutura racional harmônica: o tomismo se ajustou à necessidade de conciliar o Estado moderno com as exigências cristãs e permitiu a elaboração de um programa nacional claro, além do estabelecimento de instituições político-religiosas para realizá-lo de uma forma moderna, ainda que conservasse seu espírito medieval.

2.3
A escolástica no Brasil Colônia

Quanto ao período escolástico propriamente dito, durante os dois séculos e meio do Brasil Colônia, o ensino de filosofia esteve a cargo dos inacianos* da Companhia de Jesus, que, acompanhando o primeiro governador-geral Tomé de Souza, aqui chegaram** em 29 de março de 1549 e fundaram em Salvador, na Bahia, em 1551, sua primeira escola de ler e escrever para meninos, o Colégio dos Meninos de Jesus (Mattos, 1958, p. 50), onde passaram a ensinar as primeiras letras. Nesse colégio, em 1572, foram criados os primeiros cursos de filosofia e de teologia da colônia, que serviam à formação de futuros religiosos e de professores da Companhia de Jesus.

Ao mesmo tempo que criavam o colégio da Bahia, os jesuítas inacianos fundaram muitos outros, de acordo com o que informa Serafim Leite (citado por Azevedo, 1971, p. 252): "fundavam-se outros simultaneamente ou sucessivamente nas principais povoações portuguesas do Brasil, que, durante o século XVI, não teve outros mestres". Assim, ao

---

* Referência a Santo Inácio de Loyola, que fundou, em Paris, a Companhia de Jesus (jesuítas), cujas instituições foram aprovadas pelo papa em 1540. cf. Houaiss (1979).

** Segundo Fiquer (2013, p. 43-54), "O rei Dom João III confiou aos dez primeiros missionários jesuítas (seis vieram em 1549 e os demais no ano seguinte, já trazendo sete meninos órfãos), o sucesso da nova empresa colonizadora [...]. Os meninos órfãos eram, segundo Serafim Leite, 'moços perdidos, ladrões, e maus, que chamam patifes', mas que já se encontravam 'transformados' pela educação cristã na metrópole". O Pe. Cesar Augusto dos Santos informa que "Manuel da Nóbrega era o líder desse grupo e, após algum tempo, nomeado Provincial do Brasil (1553), liderou todos os Jesuítas que trabalhavam na Colônia. [...] Chegaram com o objetivo de implantar as sementes da civilização, do amor, do respeito, da fraternidade, do humanismo cristão. Nóbrega disse: 'esta terra é a nossa empresa'. Mais tarde, na terceira leva dos inacianos, veio José de Anchieta, aquele que viveu no Brasil 44 anos e foi cognominado 'Apóstolo do Brasil'. Ele acompanhava o 2º Governador-Geral, Duarte da Costa" (Leite, 2005).

findar o século XVI, o Brasil já contava com muitas escolas para meninos e outras tantas escolas menores, além de 11 colégios jesuítas. No século XVII, conforme Azevedo (1971, p. 247, 528-529), os jesuítas já haviam fundado na colônia os seguintes colégios:

- em 1551, o Colégio dos Meninos de Jesus, em Salvador;
- ainda em 1551, o de São Vicente, litoral de São Paulo;
- em 1554, o de São Paulo, nos campos de Piratininga, transferido de São Vicente e elevado à categoria de colégio em 1556 por Manuel da Nóbrega;
- em 1556, o de Todos os Santos, na Bahia;
- em 1567, o de São Sebastião, no Rio de Janeiro, transferido de São Vicente;
- em 1568, o de Olinda;
- em 1631, o Santo Inácio, em São Paulo;
- em 1652, o São Miguel, em Santos, São Paulo;
- ainda em 1652, o Nossa Senhora da Luz, em São Luís no Maranhão e o Santo Alexandre, em Belém do Pará, elevados à categoria de "colégios perfeitos" em 1670;
- em 1654, o São Tiago, em Vitória, Espírito Santo;
- em 1678, o Nossa Senhora do Ó, no Recife;
- em 1683, o da Paraíba;
- em 1687, o Seminário de Belém.

Até sua expulsão, em 1759, além desses colégios, a Companhia de Jesus, durante os dois séculos em que permaneceu no Brasil também construiu, no século XVIII, o Seminário da Paraíba, o de Nossa Senhora do Terço, em Paranaguá-PR, o do Pará e o do Maranhão.

De acordo com o que se depreende da obra de Fernando de Azevedo (1971), pelas características de sua atividade educacional e por essa atuação efetiva na educação da colônia, naturalmente os jesuítas viram-se cercados de privilégios no ensino da filosofia, o que lhes garantiu fama decorrente da influência que seus colégios exerceram na formação cultural da sociedade do Brasil Colônia. Com isso, os cursos de filosofia foram crescendo e, em meados do século XVIII, já contavam com cerca de trezentos alunos em toda a colônia, sendo que só na Bahia eram mais de cem. Segundo Mercadante (1978, p. 67), "transplantava-se a escolástica da Contrarreforma, simplificada pelos jesuítas nos cursos coimbrenses".

Analisando o ensino ministrado pelos jesuítas e a visão de mundo que infundiam na sociedade colonial por meio dele, podemos compreender por que esse período da história da filosofia no Brasil Colônia foi chamado de *escolástico*. O método pedagógico adotado para a formação dos jovens coloniais era o da *Ratio Studiorum*, de 1586, que se aplicava sob o lema inaciano *ad maiorem Dei Gloriam**, o qual se coaduna perfeitamente com o espírito da *Ratio*: fazer com que o aluno desenvolva sua formação pela construção do conhecimento que glorifique mais e mais a Deus.

Ratio Studiorum

Em 1550, é fundado o Colégio Romano, destinado a formar professores e para onde são enviados relatórios das experiências realizadas em todas as partes do mundo. [...] O resultado das experiências regularmente avaliadas, codificadas e reformuladas adquire forma definitiva no documento *Ratio Studiorum*, publicado em 1599 pelo padre Aquaviva. Cuidadoso, com regras práticas sobre a ação pedagógica, a organização administrativa e outros assuntos, destina-se a toda hierarquia, desde o provincial, o reitor e o prefeito dos estudos, até o mais simples professor, sem se esquecer do aluno e do bedel.

---

* "Para maior glória de Deus".

> No final do século XVII, o padre Jouvency prepara o então mais completo manual de normas gerais e informações bibliográficas necessárias ao magistério, reduzindo os riscos decorrentes do arbítrio e da iniciativa dos mestres mais jovens. Uma farta correspondência entre os membros da Companhia mantém a comunicação contínua, garantia da unidade de pensamento e ação.

Fonte: Aranha, 2001, p. 92.

Vélez-Rodríguez (1985) ilustra essa ideia:

Dois aspectos típicos da RATIO STUDIORUM *eram a subordinação do ensino superior à teologia e ao dogmatismo, que alicerçava na procura de uma ortodoxia definida pelos próprios jesuítas e que conduzia a expurgar os textos dos autores, inclusive os do próprio São Tomás de Aquino. Como acertadamente destacou Antônio José Saraiva (1955: 229-239), "Não é necessário colocar em evidência o caráter dogmático desse ensino, perfeitamente coerente com o sistema ao qual se integra. O ensino da filosofia não visava a capacidade crítica do aluno, mas a incutir nele uma determinada doutrina, a prevenir os possíveis desvios em relação a ela e a prepará-lo para defendê-la."*

Essa filosofia das escolas cristãs, ou dos doutores da Igreja, buscava sustentar a fé pela razão para melhor justificar as crenças, a fim de combater os infiéis e convencer os não crentes. Ante a urbanização que se acelerava, a sociedade colonial ia se tornando mais complexa e, por consequência, as heresias aumentavam, não sendo mais possível a imposição da crença sem um trabalho de argumentação lógico-racional que expusesse os pontos de vista de forma clara e convincente.

Até mesmo os crentes, que não desprezavam a religião, acabaram por adquirir o gosto pela racionalidade. Isso fez as universidades passarem a ser o ponto central da fermentação intelectual, fazendo com que a filosofia se tornasse estudo obrigatório do teólogo. Como a razão estava a serviço da fé, a filosofia passou a ser considerada serva da teologia. Era a moral que "propagava-se através de lições de religião, num processo retórico apropriado aos objetivos da Igreja" (Mercadante, 1978, p. 67). Era, conforme Vita (1968, p. 17, citado por Mercadante, 1978, p. 68),

> *o "saber da salvação" o ensinamento adotado, a fim de caracterizar os pensadores de formação escolástica ou de tendência mística, ou ambas, cuja especulação filosófica ou teológica se achasse dentro dos dogmas católicos. Trata-se naturalmente de uma escolástica barroca, jesuítica, contrarreformista e militante, exemplificada, significativamente, nos cursos que tiveram ampla difusão no mundo lusitano.*

Embora os primeiros jesuítas, conforme relata Margutti Pinto (2006), buscassem elaborar uma metafísica autônoma, ela foi aos poucos sendo sufocada pelo tomismo até que adotaram o *Cursus Philosophicus Thomisticus*, com o pensamento de Tomás de Aquino como filosofia oficial em 1648, cujas argumentações teológico-filosóficas eram embasadas pela lógica aristotélica contida na tradução que Boécio fizera, no século VI, do *Organon*, a lógica de Aristóteles, que apresenta o silogismo como a forma mais perfeita do pensamento dedutivo: para Aristóteles, silogismo é o resultado do raciocínio que, partindo de uma proposição maior, generalizadora, e admitindo-se determinadas premissas, resultará em outra proposição derivada e diferente da anteriormente estabelecida, apenas por serem o que são.

Tendo esse instrumento aristotélico-tomista como base para a construção do conhecimento, os padres da Igreja se utilizaram do método escolástico de ensino, a *Ratio atque Institutio Studiorum Societatis Iesu*, mais conhecida pela simplificação *Ratio Studiorum*, que significa "Organização e Plano de Estudos", de acordo com Carvalho (1996, p. 331).

O método da *Ratio** se compunha de quatro etapas: a *lectio* (leitura), a *glossa* (comentários), a *quaestio* (questões) e a *disputatio* (discussão). Sua prática se dava por meio de repetições diárias e semanais, na escola ou em casa, durante as quais todos discutiam os pontos mais dificultosos. Também introduzia desafios aos estudantes e requisitava, como forma de comprovar os estudos, que os alunos enviassem uma dissertação de filosofia ou teologia ao padre provincial. Outra característica do método escolástico, que os jesuítas transplantaram para o Brasil Colônia, era o estímulo às competições. Os alunos que mais se destacavam participavam de pomposas solenidades que contavam com a presença das famílias e de autoridades eclesiásticas e civis. Os melhores apresentavam sua produção intelectual nas academias e podiam montar peças de teatro com textos selecionados que privilegiassem os dramas litúrgicos.

O olhar dos mestres jesuítas, tanto nos internatos quanto nos externatos, vigiava para que os alunos se mantivessem afastados da vida mundana e estendia-se às famílias, que também deveriam assumir esse encargo. Ante tão rigorosa disciplina, os castigos não eram tão frequentes e não passavam de admoestações verbais. Mas, quando ocorria uma falta grave, o corretivo físico era aplicado por pessoa alheia, contratada para esse fim.

O contraponto ao rigor da disciplina eram as atividades recreativas que os jesuítas escolásticos ofereciam aos estudantes, num ambiente alegre e saudável.

Além de toda a disciplina interna, os jesuítas controlavam a admissão de novos alunos e também as férias, que deveriam ser curtas, para evitar que o convívio familiar afrouxasse a disciplina e os hábitos morais adquiridos.

---

* Sobre o método escolástico da *Ratio Studiorum*, consultar Franca (1952).

Ainda, para preservar a doutrina aristotélico-tomista, ou aristotélico-cristã, de interpretações que não fossem a dos escolásticos e, assim, manter a coesão da Igreja, a *Ratio Studiorum* recomendava que se respeitasse o princípio de autoridade e, com humildade, que os grandes sábios e os intérpretes autorizados pela Igreja fossem consultados sobre possíveis contradições entre fé e razão.

Com isso, afirma Mercadante (1978, p. 68):

A ideologia da guerra santa contra o gentio impregnou a vida colonial. Trata-se, em princípio, da guerra missionária, cujo enunciado se refere à evangelização dependente da obediência do infiel. Primeiro dominar, depois converter. [...] o jesuíta não podia desertar os métodos próprios da Contrarreforma. Por isso insiste na catequese das crianças e na subsequente dos pais pelas crianças já convertidas. Tal era o espírito da Contrarreforma, portadora de uma mensagem fechada, [...], pois as novas forças que quebraram o universalismo medieval não enfrentaram a realidade americana com espírito novo.

Todo esse esforço jesuítico acabou por institucionalizar seus colégios como o lugar por excelência da formação cristã, religiosa ou leiga, intelectual e moral da sociedade colonial brasileira. Conforme Mercadante (1978, p. 69), "A maioria das obras de autores brasileiros da época, sobretudo os sermões, visava ao aproveitamento de um fato qualquer para evidenciar o primado da salvação". O autor acrescenta ainda:

O saber opunha-se às ambições de poupança em termos definitivos. Somente a Contrarreforma, no quadro do desenvolvimento econômico, seria capaz de reagir com tanta energia aos propósitos capitalistas. O saber de salvação foi a sua ferramenta na defesa do sentido medieval. (Mercadante, 1978, p. 69)

Em consequência, o pensamento colonial brasileiro ficou conhecido como a corrente chamada **Saber da Salvação**, cujos principais representantes foram: Manuel da Nóbrega, Gomes Carneiro, Nuno

Marques Pereira e Souza Nunes. A obra de Marques Pereira (1652-1735), cujo título é *Compêndio narrativo do peregrino da América* (1728), destacou-se por responder à problemática da espiritualidade monástica centrando-se na ideia de que o homem não fora criado por Deus para a vida terrena – portanto, enfatizava o caráter negativo da corporeidade e das tarefas terrenas. A expressividade dessa obra fez com que recebesse sucessivas edições em 1731, 1752, 1760 e 1765.

Assim, fundamentada na concepção de homem como criatura divina que, de passagem pela Terra, deveria cuidar primeiro da salvação da alma com vistas à vida eterna, a escolástica da Baixa Idade Média, ou a segunda escolástica, foi a principal expressão da filosofia cristã que se desenvolveu a partir do século IX. Ela teve seu apogeu no século XIII e início do século XIV e entrou em decadência na época do Renascimento (séculos XV e XVI), tendo sido transplantada ao Brasil pela ideologia da metrópole.

Sobre o plano de instrução da *Ratio Studiorum* na colônia, Saviani (2008, p. 58) explica o ideário subjacente:

> *As ideias pedagógicas expressas no* RATIO *correspondem ao que passou a ser conhecido na modernidade como pedagogia tradicional. Essa concepção pedagógica caracteriza-se por uma visão essencialista de homem, isto é, o homem é concebido como constituído por uma essência universal e imutável. À educação cumpre moldar a existência particular e real de cada educando à essência universal e ideal que o define enquanto ser humano. Para a vertente religiosa, tendo sido o homem feito por Deus à sua imagem e semelhança, a essência humana é considerada, pois, criação divina. Em consequência, o homem deve empenhar-se em atingir a perfeição humana na vida natural para fazer por merecer a dádiva da vida sobrenatural.*

Ao procurar manter a divindade do homem por meio da moral, o pensamento colonial brasileiro se desenvolveu sob os fundamentos cristãos escolásticos, que visavam ordenar e manter a sociedade num modelo de vida segundo o qual os valores morais é que ditavam as regras do comportamento adequado à vida de cada indivíduo, valores que, conforme esses princípios, estariam preservando a divindade do homem como criatura de Deus.

O esforço para mediar o espiritual e o secular, próprio da escolástica, é evidenciado nas palavras de Mercadante (1978, p. 70):

A opulência é um mal indefensável, que carrega o pecador à perdição, deixando-o sem honra e sem esperança. Contrariamente, a pobreza redime a criatura de todas as faltas. Tal visão maniqueísta divide as esferas do mundo temporal em céu e inferno, entre honra e desonra, entre o bem e o mal, entre o tudo e o nada. A ética que alicerça tal inteligência é rígida e absoluta. Seus valores são espirituais, residem na renúncia, no esforço, na disciplina, na honra. A vida na superfície da Terra é pois um exercício operativo em busca da fé de bem servir El Rei e a pátria.

Esse modelo escolástico fundamentou a construção do pensamento na colônia portuguesa e caracterizou o período pela exacerbada preocupação com a moral, permitindo à história da filosofia identificar essa fase do ideário brasileiro como a das ideias conservadoras, o que deu origem ao nome pelo qual ficou conhecido esse recorte da história da filosofia no Brasil: **pensamento moralista** ou **moralismo**.

Síntese

As *ideias vindas* de Portugal à época da colonização brasileira objetivavam combater as heresias e os infiéis, sob a filosofia da Contrarreforma fundamentada no Concílio de Trento, que visava defender a ortodoxia católica, o que ia na contramão da modernidade e mantinha o pensamento português amarrado aos valores da escolástica, gerando o movimento conhecido como *segunda escolástica portuguesa*, cuja expressão máxima foi a *Ratio Studiorum*.

Assim, durante o período colonial brasileiro, o pensar escolástico foi hegemônico, embora tenha sofrido influências das tendências ecléticas, além de ter fundamentos no aristotelismo tomista e no platonismo.

No Brasil Colônia, o ensino de filosofia esteve a cargo dos inacianos da Companhia de Jesus, que, além de ensinarem as primeiras letras, criaram os primeiros cursos de filosofia e de teologia da colônia, no século XVI, que serviam à formação de futuros religiosos e de professores da Companhia de Jesus. Fundaram também muitos outros colégios nas principais povoações portuguesas do Brasil, de modo que, ao findar o século XVI, o Brasil já contava com muitas escolas para meninos e outras tantas escolas menores, além de 11 colégios jesuítas. O método pedagógico adotado pelos jesuítas para a formação dos jovens coloniais era o da *Ratio Studiorum*, cujo espírito era fazer com que o aluno desenvolvesse sua formação por meio da construção do conhecimento que glorificasse mais e mais a Deus, buscando sustentar a fé por meio da razão para melhor justificar as crenças, combater os infiéis e convencer os não crentes.

Com base nesse método, os jesuítas desenvolveram na sociedade colonial o gosto pela racionalidade, o que fez com que as universidades passassem a ser o ponto central da fermentação intelectual, tornando a filosofia um estudo obrigatório do teólogo; a razão estava a serviço da fé e a filosofia passou a ser considerada serva da teologia.

Os mestres jesuítas eram rigorosos quanto à disciplina para que os alunos e suas famílias se mantivessem afastados da vida mundana. Como contraponto ao rigor da disciplina, proporcionavam atividades recreativas aos estudantes, num ambiente alegre e saudável. Com a *Ratio Studiorum* recomendando que se respeitasse o princípio de autoridade e que, com humildade, se consultassem os grandes sábios e os intérpretes autorizados pela Igreja sobre possíveis contradições entre fé e razão, os jesuítas acabaram por institucionalizar seus colégios como o lugar da formação cristã, religiosa ou leiga, intelectual e moral da sociedade colonial brasileira. Por isso, o pensamento colonial brasileiro ficou conhecido como *Saber da Salvação*, fundamentado na concepção de homem como criatura divina que, de passagem pela Terra, deveria cuidar primeiro da salvação da alma com vistas à vida eterna.

Por essa preocupação com a moral, o pensamento colonial brasileiro foi identificado pela história da filosofia como *pensamento moralista* ou *moralismo*. Buscava-se manter a divindade do homem por meio da moral e ditavam-se as regras do comportamento segundo esses princípios, de acordo com o modelo escolástico acreditando-se que assim se estava preservando a divindade do homem como criatura de Deus.

Indicações culturais

Filme

A MISSÃO. Direção: Roland Joffé. EUA: Flashstar, 1986. 120 min.

Livros

CAMPI, F. **História da pedagogia**. São Paulo: Unesp, 1999.

LE GOFF, J. **Em busca da Idade Média**. Rio de Janeiro: Civilização Brasileira, 2005.

LE GOFF, J. **Os intelectuais na Idade Média**. Tradução de Marcos de Castro. Rio de Janeiro: J. Olympio, 2003.

ZUMTHOR, P. **Correspondência de Abelardo e Heloísa**. Tradução de Lucia Santana Martins. São Paulo: M. Fontes, 2000.

Atividades de autoavaliação

1. Depois de analisar as proposições a seguir, marque V (verdadeiro) ou F (falso):

    ( ) Visando combater as heresias, a Contrarreforma acabou levando Portugal a entrar na Idade Moderna.

    ( ) A segunda escolástica colocou Portugal e suas colônias na direção do pensamento cartesiano.

    ( ) Penetrando a ética medieval, um ideário renascentista foi elaborado por Portugal e trazido à colônia brasileira.

    ( ) Transplantado para o Brasil, o pensamento escolástico determinou a visão de mundo na colônia.

2. Das alternativas na sequência, embora todas sejam verdadeiras, apenas uma se refere à visão de mundo do Brasil Colônia. Assinale-a.

a) "Movemo-nos sobre a Terra com velocidades nunca antes alcançadas, mas não sabemos para onde vamos, nem se no fim da viagem encontraremos, de alguma maneira, a felicidade" (Teles, 1991, p.53).

b) Reflexão que apresenta pouca originalidade. Herdeiro de determinada tradição europeia, não sofreu abalos profundos que lhe permitissem reformular os pontos de vista. Assim se pode definir o pensamento da segunda escolástica portuguesa.

c) O esforço que o homem vem fazendo para compreender o mundo e a si próprio e dar-lhes sentido. Essa é uma definição que se aplica à filosofia.

d) "A consciência ocidental, impulsionando os portugueses, chegou a um mundo novo. [...] A instância filosófica estava neles presente de maneira natural" (Crippa, 1978a, p. 12).

3. Leia o trecho e assinale a alternativa que corresponde à afirmação:

Essa filosofia das escolas cristãs, ou dos doutores da Igreja, buscava sustentar a fé por meio da razão para melhor justificar as crenças, a fim de combater os infiéis e convencer os não crentes. Ante a urbanização que se acelerava, a sociedade colonial ia se tornando mais complexa e, por consequência, as heresias aumentavam, não sendo mais possível a imposição da crença sem um trabalho de argumentação lógico-racional que expusesse os pontos de vista de forma clara e convincente.

a) A filosofia escolástica sustentava a fé por meio da razão, por isso não precisava se preocupar com as heresias.

b) Os doutores da Igreja cristã não combatiam os infiéis porque estavam empenhados em convencer os não crentes pela razão.

c) Conforme a sociedade colonial ficava mais complexa, aumentando a urbanização, maior importância tinha a imposição da crença por meio da argumentação lógico-racional.

d) Para melhor justificar a crença, não era preciso que as escolas cristãs sustentassem a fé pela razão.

4. Analisando a *Ratio Studiorum*, o método escolástico de ensino jesuítico adotado no Brasil Colônia, podemos relacioná-la a quais das alternativas que seguem? Marque V (verdadeiro) ou F (falso):

( ) Composto de várias etapas, o método da *Ratio* era praticado por meio de discussões nas escolas e em casa.

( ) O método da *Ratio* não privilegiava a leitura, os comentários nem as discussões.

( ) A avaliação proposta pela *Ratio* previa dissertações e competições intelectuais para incentivar os estudantes, sendo que os melhores apresentavam seus trabalhos às autoridades e em peças teatrais.

( ) A rigorosa disciplina imposta pela pedagogia jesuíta exigia dos alunos o afastamento da vida cotidiana até mesmo nas férias, atingia as famílias e também empregava pessoas especializadas em castigar.

5. O esforço dos jesuítas para institucionalizar suas escolas como o lugar da excelência da formação cristã, religiosa ou leiga, intelectual e moral da sociedade colonial brasileira, de acordo com o texto, pode ser identificado como um esforço:

a) cristão.
b) educacional.
c) religioso.
d) moralista.

Atividades de aprendizagem

1. Ao longo deste capítulo, foi possível perceber a importância do estudo da história da filosofia, principalmente a do Brasil. Releia o texto e descreva como é possível identificar o pensamento colonial e como filosofar a respeito.

2. Fundamentado no conteúdo deste capítulo, visite uma escola de sua região e procure observar se, ainda hoje, tal como no período colonial, a comunidade educacional se preocupa com a formação moral de seus educandos.

3. Convide dois ou três de seus colegas mais próximos para assistirem, em casa, ao filme referenciado abaixo. Depois, comentem seu enredo com base nos temas estudados e procurem listar os conteúdos do texto que vocês identificaram no filme.

    EM NOME de Deus. Direção: Clive Donner. Iugoslávia; Reino Unido: Andros Epaminondas; Simon MacCorkindale, 1988. 115 min.

3

*Período iluminista:
o ecletismo*

Neste capítulo, buscaremos entender como o pensamento medieval escolástico se amalgamou ao poder da razão iluminada, que acreditava na capacidade do homem de construir o próprio destino por meio dos conhecimentos práticos e das técnicas da ciência. Esse amálgama criou, assim, o iluminismo católico, fundido à escolástica e a alguns aspectos da ciência moderna, tornando-se uma forma de ecletismo* que refletia a escolástica vestida com a moderna roupagem da Época das Luzes e que só pôde ser superada com a filosofia espiritualista, a qual no Brasil possibilitou pensar a subjetividade.

---

*   Ecletismo (fr. *écletisme*, do gr. *eklektikós* de *eklegein*: esconder). Método filosófico que consiste em retirar dos diferentes sistemas de pensamento certos elementos ou teses para fundi-los num novo sistema. Também é uma escola de filosofia, cujo principal representante é Victor Cousin (1792-1867), que procurou construir uma doutrina escolhendo em outros sistemas as teses que lhe pareciam verdadeiras. "O ecletismo é um método histórico que supõe uma filosofia avançada capaz de discernir o que há de verdadeiro e o que há de falso nas diversas doutrinas, e, após tê-las extraído e depurado pela análise e pela dialética, de dar a todas uma parte legítima numa doutrina melhor e mais ampla" (Japiassú; Marcondes, 2001).

3.1
A renovação conservadora de Portugal

Na segunda metade do século XVIII, Portugal se encontrava numa situação muito ruim. Embora tivesse contribuído para a descoberta de novas terras por meio das Grandes Navegações, que, por sua vez, foram possibilitadas por suas técnicas avançadas, a monarquia portuguesa não incorporara os progressos sociais e científicos que se seguiram.

A austera escolástica jesuítica, com seu método universalista que se apegava aos clássicos, separava escola e vida, distanciando os alunos do mundo e tornando os conhecimentos ineficazes para a vida prática. Mantendo-se afastada das inovações de seu tempo, a educação jesuítica fez a sociedade portuguesa permanecer retrógrada e antiquada.

Segundo Aranha (2001, p. 93-94),

> Nos cursos de filosofia e ciências, os jesuítas se mostram excessivamente conservadores e retornam à filosofia de escolástica, baseando-se nos textos de Santo Tomás de Aquino e Aristóteles. Mantêm-se indiferentes a toda controvérsia do pensamento moderno, ignoram e condenam até Descartes, um dos seus ilustres ex-alunos. Recusam-se a incorporar as descobertas científicas de Galileu e Newton. Não dão importância à história e à geografia, e a matemática – essa "ciência vã" – também sofre restrições, excluída do primeiro ciclo e pouquíssimo estudada nas classes mais adiantadas. Ocupam-se mais com exercícios de erudição e retórica, e a maneira de analisar os textos não leva ao desenvolvimento do espírito crítico.

Na época em que a crença iluminista no poder da razão e na capacidade do homem de assumir o próprio destino era característica expressa pela revolução das ciências e das técnicas, a qual requeria do homem conhecimentos práticos para transformar o mundo, a Companhia de Jesus foi acusada de autoritária, dogmática, ultrapassada e decadente, além de ter abusado do poder político para enriquecer à custa dos governos, que manipulava conforme sua conveniência e contra os interesses nacionais.

Em 1755 (ano de um forte terremoto em Portugal), Sebastião José de Carvalho e Melo (1699-1782), o **Marquês de Pombal**, primeiro-ministro do país, iniciou uma perseguição aos jesuítas, que foram expulsos de Portugal e de seus domínios, inclusive do Brasil, em 1759, quando tiveram seus bens confiscados, até que o Papa Clemente XIV extinguisse a Companhia de Jesus em 1773 (ela se restabeleceu em 1814, mas continuou a sofrer perseguições).

Enquanto esteve no poder, o Marquês de Pombal implementou ainda outras medidas importantes para o Brasil: transferiu a capital de Salvador para o Rio de Janeiro, instaurou a Real Extração e incrementou a lavoura de café e a construção naval.

Ao extinguir a Companhia de Jesus, Pombal expulsou os jesuítas e, com essa ação, pôs fim à segunda escolástica em Portugal e seus domínios, entre eles a colônia brasileira. Todavia, conforme Azevedo (1971), desde 1740 o clima intelectual na metrópole e em suas terras já era favorável ao Iluminismo, como se vê no texto *Verdadeiro método de estudar*, do sacerdote oratoriano, pedagogo e professor português setecentista Luis Antonio Verney (1713-1792), que, influenciado por Locke*, buscava articular a teodiceia** medieval com a física moderna, consoante o espírito eclético vigente em Portugal.

---

*   John Locke (1632-1704): filósofo inglês fundador do empirismo e o primeiro que formulou de modo metódico o problema "crítico" do conhecimento. Autor de *Um ensaio sobre o entendimento humano* (1690), rejeitou as ideias inatas. Para ele, a fonte do conhecimento seria a experiência, isto é, a sensação auxiliada pela reflexão.

**   Doutrina, tratado sobre a justiça de Deus; parte da metafísica que trata de Deus, de Sua existência e de Seus atributos.

Assim, uma nova pedagogia deveria fundamentar seu discurso no empirismo* inglês, que dava justificação teórica ao novo modelo de ciência. O objetivo de Pombal era livrar Portugal das amarras que o atrelavam à Inglaterra por considerá-la culpada pelo atraso de seu país e, por isso, não aceitava as influências nem de John Locke nem de David Hume**.

A solução encontrada foi adotar, na universidade, as ideias do filósofo italiano **Antonio Genovesi** (1713-1769), registradas em seu compêndio *As instituições da lógica* (1766), no qual faz uma crítica ao aristotelismo e ao tomismo escolásticos, mas sem explicitar sua inspiração em John Locke.

Genovesi "enfrentou a questão do atraso e pretendeu contribuir para a sua superação incentivando 'a vontade de um viver melhor, mais justo e mais próspero'", de acordo com Reale e Antiseri (1990, p. 854), os quais afirmam também que ele "aconselhou os intelectuais a porem fim à *cultura das palavras*, passando a se dedicar mais à *cultura das coisas*, interessando-se, por exemplo, pela mecânica e a agricultura" (p. 855).

Reale e Antisseri (1990, p. 855) acrescentam ainda:

> *Os seus interesses não se voltam tanto para as substâncias ou essências, mas muito mais para "os nossos costumes e necessidades". Atento ao problema da educação ("os homens são mais aquilo que são feitos pela educação do que aquilo que nascem"), Genovesi lançou-se contra a teoria de Rousseau de que o desenvolvimento das artes e o progresso das ciências teriam sido danosos para a humanidade. [...] O progresso das ciências e das artes, portanto, não tem nada de danoso à melhoria dos costumes e da vida, pelo contrário.*

---

*   Método de conhecer a realidade fundamentado unicamente na experiência; sistema em que toda fonte do conhecimento é atribuída à experiência.

**   David Hume (1711-1776): filósofo e historiador escocês, criador da filosofia fenomenista e autor de *Ensaios sobre o entendimento humano* (1748).

A filosofia de Genovesi se caracteriza como um empirismo mitigado porque, partindo do ceticismo, ele chega à conclusão eclética para a origem do conhecimento: nossas ideias nascem, em parte, dos sentidos e, em parte, da mediação e conjetura da alma. Essa conciliação de teses empiristas e racionalistas gera uma associação entre o empirismo de Locke e o racionalismo de Descartes* e se apresenta como crítica à segunda escolástica e ao papel monopolizador exercido pelos jesuítas no ensino, além de representar uma tentativa de reduzir a filosofia à ciência aplicada.

Com isso, Genovesi interessa a Pombal por seus ares de modernidade, ao aproximar, de maneira eclética, o racionalismo ao empirismo, além de manter, embora subliminarmente, alguns aspectos importantes da visão ibérica de mundo**: postura cético-eclética, rejeição ao empirismo do sistema, ênfase na fé e preservação da teoria do silogismo.

Por sua proposta de renovação conservadora, as ideias de Genovesi foram de grande importância para o programa do Iluminismo católico, que buscou situar os católicos ibéricos na modernidade iluminista e, ao mesmo tempo, salvaguardar a revelação e a fé no interior da cultura portuguesa. Tendo agradado ao pensamento português, as obras de Genovesi favoreceram a atitude meramente reformista e nada revolucionária de Pombal e lhe permitiram transformar o movimento

---

* Segundo Reale e Antiseri (1990, p. 352), René Descartes (1596-1650) "foi o fundador da filosofia moderna, tanto do ponto de vista das temáticas como do ponto de vista da proposição metodológica".

** A visão ibérica de mundo corresponde a uma postura pragmática diante da vida, ao ceticismo quanto à especulação metafísica, à tendência ao ecletismo, ao pouco diálogo com os iguais e ao salvacionismo (renúncia estoica ao mundo e encontro com Deus). O homem ibérico põe o coração acima da razão, tendendo ao misticismo e personalizando as relações sociais; do ponto de vista teórico, tende ao ecletismo, ao ceticismo, ao estoicismo e ao misticismo.

intelectual iluminista em instrumento de edificação "de um aparelho estatal renovado, de caráter menos dependente, mais público, racional, controlador e, por que não, absolutista" (Oliveira, 2006, p. 3).

Mas esse empirismo mitigado que se desenvolveu no contexto das reformas educacionais pombalinas, na segunda metade do século XVIII, apesar de tentar incorporar a ciência aplicada à modernização do Estado, não foi suficiente para responder aos modernos problemas da consciência e da liberdade, porque partira das necessidades do Estado, e não de uma perspectiva que tivesse o homem como centro, conforme se pode ver em Vélez-Rodríguez (1985).

Dessa forma, diante do avanço da modernidade, o pensamento católico que direcionava a visão de mundo em Portugal conseguiu se encaminhar para o Iluminismo por meio da filosofia de Genovesi, que lhe permitia manter a visão religiosa de mundo e defender o discurso do método indutivo, o qual oferecia uma física qualitativa, verbalista e sem caráter experimental.

Essa entrada na modernidade revela a postura pragmática de Portugal, expressa pelo modelo eclético de pensamento, construído ao conciliar a teoria do Estado moderno com as exigências cristãs, ao adotar o tomismo, ou seja, ao combinar o tomismo com o Estado moderno por uma decisão política, e não por um debate filosófico. Assim, a escolástica foi abandonada e, por motivos políticos, a obra de Genovesi foi adotada como livro-texto da nova pedagogia. Com isso, Portugal, por meio do ecletismo, assumiu uma forma moderna, mas conservou seu espírito medieval.

Portanto, o Iluminismo católico acabou sendo a fusão eclética de aspectos da visão escolástica de mundo com aspectos da filosofia e da ciência modernas, isto é, o catolicismo português revestiu com moderna roupagem o espírito da escolástica medieval.

3.2
O espiritualismo eclético no Brasil

> "O homem é muito superior à pintura que dele fazem sensualistas e materialistas."
> (Gonçalves de Magalhães)

Surgido na França, na primeira metade do século XIX, aportou no Brasil nessa mesma época o **espiritualismo* eclético**, ou **ecletismo espiritualista**. Foi a primeira corrente filosófica estruturada com rigor no Brasil; ganhou a adesão da maioria da intelectualidade, tornando-se o modelo de pensamento no país entre 1840 e 1880.

Após a Independência, em 1822, o país carecia de uma estrutura administrativa e intelectual adequadas às suas peculiaridades. Por isso, os pensadores desse período buscaram conciliar os valores tradicionalistas já enraizados com os anseios de modernidade; enquanto desejavam adotar os princípios do liberalismo político e econômico, que eram contrários à tradição canônica do catolicismo, ao mesmo tempo se empenhavam em manter a unidade nacional.

Na visão de Vélez-Rodríguez (1985, grifo do original),

> A corrente eclética, que se estrutura e se desenvolve ao longo do século XIX, responde basicamente aos dois problemas deixados em branco pelo EMPIRISMO MITIGADO: consciência e a liberdade. A resposta a essas duas questões será de capital importância, em primeiro lugar, para consolidar a ideia de nação – tarefa que empreende Gonçalves de Magalhães com o seu romantismo de corte pedagógico – e, em segundo lugar, para

---

* "O espiritualismo pode ser dividido, a grosso modo [sic], em três representações históricas diferentes, na modernidade. O espiritualismo eclético, surgido na primeira metade do século XIX, o espiritualismo, propriamente dito, ou psicologista, na segunda metade do século XIX e o espiritualismo vitalista-evolucionista, surgido com Henri Bergson entre o fim do século XIX e o início do século XX." (Barroso, 2007, p. 85)

dar fundamento firme à prática da representação política, profundamente enraizada numa concepção espiritualista da liberdade humana.

Assim, visando modernizar as instituições do país, alguns pensadores lançaram mão da filosofia eclética espiritualista de Victor Cousin (1792-1867), professor da Escola Normal Superior de Paris, que incorporara em sua perspectiva filosófica fundamentos hegelianos* da filosofia alemã. Embora não tenha elaborado uma doutrina sólida, Cousin conseguiu a vitória do espiritualismo racionalista em razão de ter sido um grande orador político.

Paim (1967, citado por Barroso, 2007, p. 85-86) esclarece que

No pensamento de Cousin cumpre distinguir três aspectos, nem sempre homogêneos e às vezes até contraditórios, sem o que não se poderia aprender o destino histórico de seus ensinamentos quando transplantados para solo brasileiro. Poderiam ser formulados do seguinte modo: 1) ecletismo como método (historicismo); 2) o método psicológico elevado à condição de fundamento último da filosofia; 3) o espiritualismo. Ao longo de sua vida, Cousin apoiou-se alternativamente em qualquer dessas pilastras, o que permitiu a seus discípulos brasileiros empreender interpretações autônomas e até criticá-lo com argumentos do arsenal por ele mesmo mobilizado.

Outro pensador francês também influenciou o pensamento brasileiro: o renomado político Roger-Collard (1763-1843), que fora responsável pela "oficialização", na França, do espiritualismo eclético como filosofia do Estado francês na primeira metade do século XIX. Roger-Collard também foi um dos responsáveis pela junção das ideias espiritualistas às liberais.

---

* Palavra derivada do pensamento de Hegel (1770-1831), cuja filosofia, conhecida como *hegelianismo*, identifica o ser e o pensamento como um princípio único, a ideia, que se desenvolve em três fases: tese, antítese e síntese. (Houaiss, 1979, p. 1241)

E mais um francês, François Pierre-Gouthier Maine de Biran (1766-1824), mestre de Cousin e de Collard, pode ser considerado a maior influência dos pensadores brasileiros. Sua filosofia consistia em superar o sensualismo e o racionalismo buscando um meio-termo entre ambos, fundamentado no intuicionismo*.

Embora o pensamento brasileiro do século XIX tenha sido construído com base nas influências da filosofia de Maine de Biran, incorporada ao psicologismo eclético de Cousin, ele não deve ser caracterizado como cópia do ecletismo francês, pois procurou construir uma teoria compacta levando em consideração as variantes doutrinárias que já estavam incorporadas à cultura brasileira.

Os pensadores brasileiros viram na filosofia espiritualista uma possibilidade de superar a antítese da escolástica portuguesa entre o cristianismo e as ciências e, assim, solucionar a problemática do homem. Com isso, mostraram sua originalidade ao pensar a construção do sentimento de nação e a organização política por meio do debate dos temas da consciência e da liberdade contextualizados nas circunstâncias históricas do Brasil do século XIX.

A máxima de Cousin pode ser considerada superficial: "O que recomendo é um ecletismo ilustrado que, julgando com equidade e inclusive com benevolência todas as escolas, lhes peça emprestado o que elas têm de verdadeiro e elimine o que têm de falso" (Mora, 2001, p. 793): Mas, no Brasil, pela inércia política da época, quando só as facções palacianas disputavam o poder, a filosofia eclética de Cousin foi recebida com grande entusiasmo e se desenvolveu em três nítidos ciclos.

O primeiro ciclo foi o de formação (1833-1848), que abrangeu dois períodos: os primeiros anos foram de adesão dos pioneiros para,

---

*   Mais tarde, o intuicionismo, ou filosofia intuicionista, teve seu desdobramento na obra de Henri Bergson (1859-1941).

no segundo período, durante a segunda metade da década de 1840, aparecerem as primeiras publicações de inspiração eclética em revistas, jornais e livros. Nessa fase surgiram, também, várias sociedades filosóficas que discutiram como integrar a liberdade e o liberalismo político num sistema empirista coerente. A Igreja se colocou frontalmente contra o espiritualismo eclético.

Segundo o dicionário de Blake (1883-1902), o Frei José do Espírito Santo, em suas aulas no Seminário da Ordem Franciscana, em Salvador, Bahia, na década de 1830, teria sido o primeiro a divulgar a doutrina eclética de Cousin no Brasil.

O segundo ciclo foi o do apogeu (décadas de 1850 a 1870), considerado o ciclo da "filosofia oficial", pois Pedro II a tornou obrigatória nos liceus estaduais. Nessa fase de maturidade, o problema do conhecimento cedeu lugar à questão da moral. O ecletismo adquiriu novos contornos com o pleno exercício da criatividade e a busca pela fundamentação da liberdade como princípio da ação e pela articulação da ordem e da liberdade sob os princípios do liberalismo constitucional.

O terceiro ciclo foi o do declínio ou da superação (década de 1880), quando, apesar do combate dos "filósofos oficiais", os mestres estrangeiros foram substituídos por novas formas de pensar, que fizeram surgir a Escola do Recife e o positivismo, inaugurando nova fase no pensamento brasileiro.

Os filósofos brasileiros cujas reflexões espiritualistas se destacaram foram Eduardo Ferreira França (1809-1857), Domingos José Gonçalves de Magalhães (1811-1882), Visconde do Araguaia (1811-1882) e Paulino José Soares de Sousa (1807-1866), o Visconde do Uruguai.

O pensador baiano Ferreira França, em seus primeiros escritos, formulara uma visão determinista de homem, mas sua obra *Investigações de psicologia*, publicada em Paris em 1854, mostrou a evolução de seu pensamento até uma concepção espiritualista. Influenciado por Maine de Biran, mesmo sem abandonar a perspectiva empirista, que mantivera desde o início de suas reflexões, Ferreira França desenvolveu o tema da introspecção com o rigor da observação empírica e constatou a existência do espírito. A fundamentação para suas ideias esteve na busca por uma filosofia para o exercício da liberdade política. Assim, ele enfatizou o tema da vontade, que concebeu como o elemento capacitador dos diversos poderes de que o homem está dotado – sua primordial função é constituí-lo como pessoa.

Ferreira França nasceu em Salvador, Bahia, e aos 19 anos de idade já era bacharel em letras, ciências físicas e matemática. Sobre o autor, Barroso (2007, p. 88) informa:

> Em 1834 defende uma tese em medicina chamada ESSAI SUR L'INFLUENCE DES ALIMENTS ET DES BOISSONS SUR LE MORAL DE L'HOMME. O objetivo principal de sua obra é demonstrar que, mesmo preservando a observação rigorosa, nos moldes da ciência moderna, é possível provar a existência do espírito. "Para Ferreira França, o estudo das sensações deve considerar não apenas o objeto exterior que é capaz de instigar a sensação, mas uma espécie de disposição instintiva." Tal disposição instintiva teria origem em um sentimento fundamental, que pode ser definido como um conjunto de experiências interiores, tais como fome, sede, dores etc., ou seja, todo um grupo de movimentos internos do organismo que atua sobre a consciência.

Contemporâneo de Ferreira França e nascido em Niterói, o Visconde do Araguaia, de nome Gonçalves de Magalhães, deixou o magistério no Colégio Pedro II para se tornar diplomata. Considerado o maior romântico do Brasil, em sua filosofia buscou construir a ideia de nação. Desenvolveu sua visão de liberdade e moral inspirado em Cousin,

Malebranche* (1638-1715) e Berkeley** (1685-1753) e explicou o homem em termos puramente espiritualistas, negando os valores do mundo material e corpóreo porque, para ele, o universo sensível só tem existência intelectual em Deus, quer dizer, são pensamentos de Deus.

Sobre o pensamento de Gonçalves de Magalhães, Carvalho (2000, p. 58) assevera:

Magalhães apontou nova solução para os impasses deixados por Cousin, afirmando que o espírito não está sujeito a modificação pela experiência, podendo pensar livremente. Justifica, assim, a capacidade inata do espírito para conhecer inclusive a deus, mesmo que dele não tivesse experiência. O saber para o espírito é mais que o obtido pela experiência sensível, [...], a sensibilidade pertence ao corpo e não ao espírito.

Para Gonçalves de Magalhães, o conceito de saber exclui a percepção sensível que, segundo Paim (1967, p. 91), "seria apenas uma espécie de artifício ou pretexto para que a alma se pusesse em movimento", o que denota a influência do método psicológico de Cousin, e não do historicismo, pois aquele buscava mostrar que "a base e o ponto de partida de todas as ciências filosóficas é a psicologia, da qual elas são implicações e aplicações. A psicologia lhes dá o elemento da razão, objeto da metafísica" (Paim, 1967, p. 91).

Para Jaime (1997, p. 151, grifo do original),

quando se lê Gonçalves de Magalhães, filósofo, pode-se perfeitamente colocá-lo como inspirador de Bergson, pois este nascia quando o brasileiro morria, tendo realçado a

---

* "Nicolas de Malebranche (1638-1715) tentou uma fusão entre as temáticas cartesianas e o neoplatonismo agostiniano, representando uma das formulações mais completas do 'ocasionalismo'" (Reale; Antiseri, 1990, p. 392).

** "George Berkeley (1685-1753) é, ao mesmo tempo o mais paradoxal e o mais profundo dos empiristas ingleses. A sua teoria do *esse est percipi* assinalou uma etapa fundamental na história gnosiológica contemporânea" (Reale; Antiseri, 1990, p. 532).

FORÇA VITAL, o ÉLAN VITAL *bergsoniano, como ponto culminante de suas ideias [...]. Gonçalves de Magalhães abria caminho para os que viriam depois, como Farias Brito ou – por que não? – Bergson e tantos mais que "certamente" não insultaram qualquer século.*

Entre as obras filosóficas de Gonçalves de Magalhães, encontramos: *Fatos do espírito humano* (1856), publicada em Paris em 1859, *A alma e o cérebro* (1876) e *Pensamentos e comentários* (1880). Reconhecido como o primeiro filósofo genuinamente brasileiro, foi o mais importante representante do espiritualismo eclético no Brasil. Sua obra *A alma e o cérebro* é considerada a última manifestação do espiritualismo eclético brasileiro.

Outro filósofo que devemos destacar é Paulino José Soares de Sousa, que nasceu em Paris e veio morar no Brasil com 7 anos. Formou-se em direito pela Faculdade de Direito do Largo de São Francisco em São Paulo. Foi juiz de direito, deputado e senador do Império pelo partido conservador, conforme Vélez-Rodríguez (2005). Sua importância para o pensamento eclético brasileiro está em sua obra *Ensaio sobre o direito administrativo* (1860), a mais representativa obra do pensamento político brasileiro nos tempos de estruturação do Império, na qual ofereceu respostas para a indagação de como tornar governável o Brasil e conduzi-lo a um lugar de liderança no contexto internacional (lugar a que é chamado em virtude de suas potencialidades), além de mostrar como a sociedade brasileira deve se orgulhar de seu país.

Sobre a obra de Paulino José Soares de Sousa, Cavalcanti, citado por Vélez-Rodríguez (2005, p. 10), aponta:

Ali se estudam os elementos fundamentais do Direito Administrativo e principalmente a estrutura do Estado e da administração, o problema da centralização, do Poder Moderador, da administração graciosa e contenciosa, do Conselho de Estado. O conteúdo próprio das normas administrativas não estava ainda bem caracterizado

> *e, por isso mesmo, não tinha a doutrina a merecida expansão. Afora, portanto, os elementos básicos de direito administrativo bem expostos no princípio da obra, o autor deu singular importância a duas instituições fundamentais da Política Constitucional do Império e que teriam influência preponderante no desenvolvimento do nosso direito administrativo e do nosso direito político – o Poder Moderador e o Conselho de Estado.*

Cabe lembrar, ainda, alguns outros nomes de menor expressividade na corrente eclética brasileira, tais como Salustiano José Pedrosa (falecido em 1858) e Antonio Pedro de Figueiredo (1814-1859), que traduziu para o português o *Curso de história da filosofia moderna,* de Victor Cousin.

Entre os anos 1880 e 1900, a corrente eclética começou a desvanecer ante o que Sílvio Romero (1851-1914) chamou de "surto de ideias novas" nos meios acadêmicos brasileiros. Entre elas estavam três filosofias principais que contrariaram o ecletismo: o darwinismo, o determinismo monista e o positivismo.

Síntese

Chegando ao Brasil como resposta aos problemas da consciência e da liberdade, a corrente eclética foi importante para consolidar a ideia de nação, logo após a Independência. Assim, cabe destacar a importância do espiritualismo para a construção do pensamento nacional como o primeiro movimento filosófico estudado no Brasil. Apesar de não ter encontrado um fundamento teórico consistente em que pudesse se basear, o espiritualismo eclético trouxe para o Brasil uma reflexão sobre a ideia de pessoa humana, o que possibilitou pensar a subjetividade e fazer uma crítica ao sensualismo. Igualmente importante é o fato de que as ideias do espiritualismo eclético serviram como catalisador da reestruturação e sedimentação da consciência conservadora que se formava e, com Gonçalves de Magalhães, realizaram uma crítica espiritualista às lacunas deixadas por Victor Cousin.

Indicações culturais

Livros

CAMPOS, F. A. **Tomismo e neotomismo no Brasil**. São Paulo: Grijalbo; Edusp,1968.

CERQUEIRA, L. A. **Gonçalves de Magalhães como fundador da filosofia brasileira**. Set. 2010. Disponível em: <http://filosofia brasileiracefib.blogspot.com.br/2008/06/gonalves-de-magalhes-como-fundador-da.html>. Acesso em: 19 abr. 2015.

FRANCOVICH, G. **Filósofos brasileiros**. Prefácio de G. Dantas Barreto e adenda de Antônio Paim. 2. ed. Rio de Janeiro: Presença, 1979.

PAIM, A. **A escola eclética**: estudos complementares à história das ideias filosóficas no Brasil. Londrina: Editora UEL; Cefil, 1996.

Atividades de autoavaliação

1. Depois de analisar as proposições a seguir, marque V (verdadeiro) ou F (falso):

   ( ) A austera escolástica jesuítica, com seu método universalista que se apegava aos clássicos, não separava escola e vida, distanciando os alunos do mundo e tornando os conhecimentos ineficazes para a vida prática.

   ( ) Nos cursos de filosofia e ciências, os jesuítas não davam importância à história e à geografia, e a matemática – essa "ciência vã" – também sofria restrições, excluída do primeiro ciclo e pouquíssimo estudada nas classes mais adiantadas.

   ( ) Enquanto esteve no poder, o Marquês de Pombal não implementou medidas importantes para o Brasil, como transferir a capital de Salvador para o Rio de Janeiro, instaurar a Real Extração ou incrementar a lavoura de café e a construção naval.

   ( ) Uma nova pedagogia deveria fundamentar seu discurso no empirismo inglês que dava justificação teórica ao novo modelo de ciência.

2. Quanto aos objetivos do Marquês de Pombal ao adotar o compêndio de Genovesi, assinale a alternativa correta:

   a) O Marquês de Pombal objetivava manter a Inglaterra aliada a Portugal.

   b) O objetivo de O Marquês de Pombal era apenas se livrar da influência de Locke e Hume.

   c) O Marquês de Pombal visava manter o aristotelismo tomista como fundamento da política portuguesa.

   d) O Marquês de Pombal buscou se livrar da influência de Locke e Hume por considerar a Inglaterra responsável pelo atraso de Portugal.

3. Segundo Genovesi, nossas ideias nascem, em parte, dos sentidos e, em parte, da mediação e conjetura da alma. Trata-se de um(a):
   a) conceito empirista atenuado pelo ceticismo.
   b) conceito ceticista atenuado pelo empirismo.
   c) conciliação eclética que não associa o empirismo de Locke ao racionalismo de Descartes.
   d) conciliação eclética empirista-racionalista para o problema do conhecimento.

4. Considere as proposições a seguir e assinale a alternativa adequada sobre a relação entre Genovesi, Portugal e modernidade:
   a) Por sua proposta de renovação conservadora, as ideias de Genovesi não foram de grande importância para o programa do Iluminismo católico, que buscou situar os católicos ibéricos na modernidade iluminista e, ao mesmo tempo, salvaguardar a revelação e a fé no interior da cultura portuguesa.
   b) Por sua proposta de renovação conservadora, as ideias de Genovesi foram de grande importância para o programa do Iluminismo católico, que não buscou situar os católicos ibéricos na modernidade iluminista e, ao mesmo tempo, salvaguardar a revelação e a fé no interior da cultura portuguesa.
   c) Por sua proposta de renovação conservadora, as ideias de Genovesi foram de grande importância para o programa do Iluminismo católico, que buscou situar os católicos ibéricos na modernidade iluminista e, ao mesmo tempo, salvaguardar a revelação e a fé no interior da cultura portuguesa.
   d) Por sua proposta de renovação conservadora, as ideias de Genovesi foram de grande importância para o programa do Iluminismo católico, que buscou situar os católicos ibéricos na

modernidade iluminista e, ao mesmo tempo, não salvaguardar a revelação e a fé no interior da cultura portuguesa.

5. Sobre o espiritualismo eclético no Brasil, é **incorreto** afirmar:

   a) Foi a primeira corrente filosófica estruturada com rigor no país.
   b) Buscava conciliar valores tradicionais com os anseios da modernidade.
   c) Por contrariar a tradição canônica da Igreja Católica, não desejava adotar os princípios do liberalismo político e econômico.
   d) Foi um empenho para manter a unidade nacional.

Atividades de aprendizagem

1. Embora o pensamento brasileiro do século XIX tenha se construído com base nas influências da filosofia de Maine de Biran incorporada ao psicologismo eclético de Cousin, não deve ser caracterizado como cópia do ecletismo francês, pois procurou construir uma teoria compacta levando em consideração as variantes doutrinárias que já estavam incorporadas à cultura brasileira. Os pensadores brasileiros viram na filosofia espiritualista uma possibilidade de superar a antítese da escolástica portuguesa entre o cristianismo e as ciências e, assim, solucionar a problemática do homem. Com isso, mostraram sua originalidade ao pensar a construção do sentimento de nação e a organização política por meio do debate dos temas da consciência e da liberdade, contextualizados nas circunstâncias históricas do Brasil do século XIX.

   Fundamentado no texto acima, explique por que a filosofia eclética brasileira não foi cópia do pensamento francês e qual foi sua originalidade.

2. Procure estudar a história do Brasil entre a Independência e a República, buscando identificar a influência dos conceitos trabalhados neste capítulo.

3. Pesquise a bibliografia de Gonçalves de Magalhães, escolha uma obra e leia-a buscando identificar o romantismo que ela expressa. Para uma biografia completa de Gonçalves de Magalhães, consulte:

CASTELO, J. A. **Gonçalves de Magalhães**. São Paulo: Assunção, 1946.

Período cientificista: o positivismo

Este capítulo apresenta a construção teórica do filósofo Augusto Comte – o positivismo –, uma doutrina científica e altruísta, cujo objetivo é contribuir para o estabelecimento de uma cultura única capaz de unir o Ocidente e o Oriente de maneira que tudo concorra para o progresso da humanidade com vistas ao bem-estar social, moral, intelectual, espiritual e material de todas as sociedades humanas por meio do que o filósofo denominou FÍSICA SOCIAL ou ciência social. Analisaremos, na sequência, como essas ideias influenciaram a política e a sociedade brasileira no século XIX e seus reflexos até os dias atuais.

4.1
Um recorte da filosofia positivista

Pensamento surgido no bojo dos anseios da **Revolução Industrial** (segunda metade do século XVIII), da Independência dos Estados Unidos (1776) e da Revolução Francesa (1789 a 1799), no contexto dos ideais de liberdade do início do século XIX, a filosofia positiva se apresentou como a doutrina da prática capaz de contribuir para a efetivação do modelo de construção do conhecimento pela via da lógica das ciências exatas e naturais, por meio do formalismo, da experimentação, da mensuração e da crítica à representação metafísica.

Os ideais de liberdade do século XIX se fundamentavam em duas correntes antagônicas de pensamento: o **liberalismo**, que defendia a liberdade individual e da natureza humana como base própria da lei natural, e o **cientificismo**, partidário da explicação de todos os fatos e valores do mundo por uma única lei natural, conforme se apreende da obra de João Ribeiro Júnior.

Ainda conforme esse autor (Ribeiro Júnior, 1994), o liberalismo, ao preconizar o livre desenvolvimento do espírito e das faculdades dos indivíduos como a condição para o desenvolvimento moral, intelectual e político da sociedade, não se conciliava nem com a doutrina do empirismo, valorizadora da experiência sensível dos fatos, nem com o materialismo, que via na matéria e em suas leis a existência. É nesse espaço de contestação do racionalismo abstrato dos liberais que surgem os defensores do cientificismo.

Esse clima de embate entre diferentes doutrinas acabou se tornando propício para o surgimento das ideias positivistas. Elaboradas de forma pedagógica por Auguste Comte (1798-1857), compuseram a **doutrina positivista**, ou **filosofia positiva**, também reflexo de seu tempo. Duas de suas principais obras são *Sistema de filosofia positiva* (1830-1842) e *Sistema de política positiva,* ou *Tratado de sociologia – instituindo a religião da humanidade* (1851-1854).

Comte buscou desenvolver um método de construção do conhecimento pela observação dos fenômenos. Por isso, ele atribui as explicações a fatores humanos, o que contraria o primado da razão, da metafísica e da teologia. Ou seja, ele abandona a busca pelas causas e privilegia a determinação de leis; substitui o método *a priori* pelo método *a posteriori*, no qual as avaliações científicas devem ser rigorosamente embasadas na experiência.

Como doutrina, o positivismo também apresenta uma nova visão científica dos problemas sociais: para coibir os abusos do individualismo liberal, é necessário substituir as interpretações metafísicas pelo estabelecimento da autoridade e da ordem pública, quer dizer, todos os fatos da sociedade devem seguir a precisão científica.

Por suas concepções, de acordo com Ribeiro Júnior (1994), o positivismo pode ser considerado um dogmatismo físico e um ceticismo metafísico. Trata-se, portanto, uma **filosofia determinista** que, de um lado, professa o experimentalismo sistemático e, de outro, considera anticientífico o estudo das causas finais; uma filosofia que admite que o espírito humano é capaz de alcançar as verdades do mundo físico valendo-se de métodos experimentais que, no entanto, não permitem conhecer a verdade de questões metafísicas.

Assim, os positivistas deixaram de tentar explicar os fenômenos externos, "os porquês", e passaram a buscar explicações para os fenômenos práticos presentes na vida do homem, "os comos". Exemplificando: em vez de buscar entender a criação do homem, os positivistas se preocupam em conhecer as leis, as relações sociais e a ética.

Para Lacerda Neto (2011), positivista ortodoxo, a filosofia positiva, ou positivismo,

> corresponde a uma forma de entendimento do mundo, do homem e das coisas em geral: ele entende que os fenômenos da natureza acham-se submetidos a leis naturais, que a observação descobre, que a ciência organiza e que a tecnologia permite aplicar, preferencialmente em benefício do ser humano. As leis naturais existem nas várias categorias de fenômenos, que Augusto Comte distinguiu em sete: há fenômenos matemáticos, astronômicos, físicos, químicos, biológicos, sociais e psicológicos.

Portanto, o método positivista de raciocínio se apresenta como um **método geral**, universalizante, que engloba todos os outros métodos particulares: a dedução, a indução, a observação, a experimentação, a nomenclatura, a comparação, a analogia, a descrição físico-matemática e a filiação histórica.

Segundo Ribeiro Júnior (1994), Comte dividiu as ciências conforme seu grau de desenvolvimento ou sua importância científica e as classificou em cinco grupos, da mais simples e abstrata – a matemática, que fornece a lógica geral para as demais – à mais complexa e concreta – a sociologia, que seria o mais alto estágio das ciências. Essa hierarquização é determinada por uma subordinação necessária e invariável, fundamentada na comparação aprofundada dos fenômenos correspondentes: a astronomia, a física, a química, a fisiologia e, por fim, a física social, ou sociologia.

Tal classificação decorre do entendimento de que a experiência evidencia uma limitada interconexão entre diferentes grupos de fenômenos e que cada ciência se dedica a apenas determinado grupo, o que nos mostra que os fenômenos são irredutíveis uns aos outros, justificando, assim, a divisão das ciências hierarquicamente por meio da compreensão dos princípios simples e abstratos para daí chegarmos à compreensão de fenômenos complexos e concretos.

Por esse motivo, somente um mesmo e único método deve ser aplicado às investigações, pois a subjetividade na construção do conhecimento não permite determinar a unidade dos fenômenos, mas apenas suas relações. Portanto, a unidade do conhecimento só se dará de forma metodológica, o que exige um único e mesmo método, não apenas em escala individual, mas também coletiva, ou seja, toda a sociedade deve se fundamentar nesse mesmo método. Assim, o **método** positivo se torna uma **filosofia** positiva que deve servir-se desse método para possibilitar a vida prática em comum.

Quanto ao desenvolvimento do espírito humano, segundo Ribeiro Júnior (1994), ele se daria por uma lei fundamental que Comte chamou de **lei dos três estados** e que denotaria as fases por que a humanidade passou ao se desenvolver, sendo que os estágios anteriores seriam uma preparação para os subsequentes. Essa ideia já fora apresentada por Saint–Simon* (1760-1825), que distinguia o desenvolvimento humano em três fases – teológica, metafísica e positiva –, motivo pelo qual muitos estudiosos atribuem a ele a criação da sociologia. De toda forma, a lei dos três estados fundamenta o positivismo e sintetiza a evolução do espírito humano.

No primeiro estado, o **teológico** (também dividido em três etapas: fetichista, politeísta e monoteísta), a imaginação tem grande relevância na observação dos fenômenos naturais que o homem explica pela crença na intervenção de seres sobrenaturais, deuses e espíritos. A mentalidade teológica, ao explicar a natureza, mantém coesa a sociedade e também fundamenta a vida moral na crença na autoridade de poderes imutáveis, que se expressam pela política monárquica aliada ao militarismo.

---

* Claude-Henri de Rouvroy, Conde de Saint-Simon, nascido em Paris, foi um filósofo e economista francês, um dos fundadores do socialismo moderno e teórico do socialismo utópico.

No segundo estado, o **metafísico** (abstrato), um nível intermediário, que faria a ponte entre a teologia e a positividade, as explicações dos fenômenos têm os deuses da fase anterior substituídos por forças físicas, forças químicas e forças vitais, reunidas na força da natureza, que equivale ao deus único do estado teológico monoteísta. Ao substituir o concreto pelo abstrato, a imaginação pela argumentação, o estado metafísico destrói a ideia de que o sobrenatural subordinava o homem à natureza; com isso, possibilita a investigação da causa primeira, do fim último e da natureza íntima das coisas. Nesse modelo metafísico de realidade, a sociedade, estruturada por um contrato, substitui os reis pelos juristas e a política fundamenta o Estado na soberania do povo.

No terceiro estado, o **positivo** (que seria a etapa final e definitiva do desenvolvimento da humanidade), a imaginação e a argumentação se subordinam à observação, que propicia a construção do conhecimento ao permitir enunciar de maneira positiva as proposições correspondentes a cada fato particular ou universal. Essa epistemologia positiva tem como único critério de verdade a ciência fatual relativa a cada ramo dos fenômenos, cujas leis devem ser pesquisadas e estabelecidas pelo espírito humano, que, por sua vez, deve entendê-las como relações constantes entre os fenômenos psicológicos, dos quais a visão positiva deve extrair somente as relações imutáveis.

Apesar de o método positivo orientar o espírito humano para a busca da unidade do conhecimento de forma subjetiva, segundo Silva (1982), isso não significa que a unidade subjetiva do conhecimento seja apenas individual. Ao contrário, a metodologia única do positivismo buscou a unidade coletiva ao tornar a filosofia positivista o fundamento intelectual da fraternidade entre os homens, ou seja, unindo a teoria à prática, possibilitaria a vida em comum apoiada no conhecimento das relações constantes de sucessão e na coexistência e previsibilidade dessa constância.

O conhecimento das relações constantes e de sua decorrente previsibilidade é uma característica da ciência, que, segundo uma das máximas de Comte, deve "ver para prover", saber para prever e agir, desprezar o inacessível, investigar o real, o certo e indubitável, o fato concreto que pode ser quantificado, analisado e provado – o que equivale a dizer que o homem deve explorar a natureza e, para isso, deve desenvolver técnicas e, com elas, a indústria. Isso é o positivo, isso é a ciência, para Comte.

O novo modelo positivista de construção do conhecimento tem como axioma fundamental outra máxima de Comte: "Tudo é relativo, e isso é a única coisa absoluta" (Ribeiro Júnior, 1994, p. 23) porque, sendo a realidade formada por fenômenos atômicos, partes isoladas que se relacionam entre si, não é possível apreender relações absolutas, mas, apenas, as conexões dos movimentos de um estado anterior a outro posterior, ou seja, o que se relaciona, o que está em relação, em interdependência no meio e no tempo, como se fosse um organismo.

Assim, tudo está determinado e é relativo à sucessividade e às inter-relações das invariáveis similitudes existentes entre os fenômenos, e o uso bem combinado da observação e do raciocínio é que deve identificar e explicar as leis invariáveis que os regem. Portanto, nesse determinismo organicista, o conhecimento é limitado e relativo aos dados reais, positivos, tanto da natureza quanto da sociedade e estes, consequentemente, só podem ser apreendidos pelos sentidos.

Não é somente quanto ao método investigativo do conhecimento que a filosofia positivista se identifica com as ciências naturais. A sociedade positiva é concebida como um organismo harmonioso formado por partes integradas e coesas, conforme o modelo mecanicista cartesiano. E, para esse modelo de sociedade, a organização política também deve ter por base o método científico, a fim de que possa propiciar a necessária reforma intelectual do homem antes da ação prática de uma conveniente reorganização da sociedade. Isso porque a sociedade industrial moderna exigia novos hábitos de pensar que coadunassem com o desenvolvimento das ciências de seu tempo, segundo a visão comteana.

4.2
A sociedade na visão positivista

Tendo a filosofia positivista concebido a construção do conhecimento em bases naturais, Comte passou a ocupar-se do domínio dos fatos sociais objetivando coordenar, de maneira universal, todos os domínios teóricos do saber humano, incluindo a própria sociedade.

Para isso, Comte passou a estudar os fenômenos sociais observáveis tendo por base as máximas do método positivo e, com isso, submeteu também a sociabilidade humana às leis da natureza, que, segundo ele, seriam as que determinam o desenvolvimento da espécie humana, pois há condições invariáveis da sociedade que permitem a reforma social.

A esses estudos, copiados de modelos da biologia e aplicados à sociedade como a um organismo vivo de modo que seja possível descobrir a ordem essencial do desenvolvimento humano, Comte chamou de **física social**, que deu origem à ciência dos fatos sociais, mais tarde chamada **sociologia**, ciência que Comte considerava o mais alto estágio das ciências e da qual se dizia o fundador. Segundo Costa (1997, p. 46),

> A primeira corrente teórica sistematizada de pensamento sociológico foi o positivismo, a primeira a definir precisamente o objeto, a estabelecer conceitos e uma metodologia de investigação. Além disso o positivismo, ao definir a especificidade do estudo científico da sociedade, conseguiu distinguir-se de outras ciências estabelecendo um espaço próprio à ciência da sociedade. Seu primeiro representante e principal sistematizador foi o pensador francês Auguste Comte.

A sociologia comteana objetivava estabelecer uma base racional e científica para instaurar o espírito positivo na organização das estruturas sociais e políticas por meio de uma reforma intelectual e moral da sociedade.

A organização da sociologia na primeira metade do século XIX surgiu como um contraponto ao racionalismo abstrato do liberalismo e visava reformular o quadro social instável decorrente das novas relações de trabalho surgidas com as revoluções do século XVIII que levaram ao desenvolvimento industrial, o qual gerava novos conflitos sociais a todo o tempo, pois os camponeses e os operários, empobrecidos e explorados, organizavam-se para exigir mudanças econômicas e políticas no novo sistema do capitalismo industrial que se desenvolvia.

Com a criação desse novo ramo do saber – a sociologia –, o espírito positivo atingiu sua maturidade e já fundamentava a formação do espírito da nova ordem, para a qual a história do homem é a história do desenvolvimento, do progresso da natureza humana, pois o homem é um ser histórico, uma vez que é na história que ele realiza sua natureza.

Comte via a sociedade como um organismo heterogêneo, cujas partes deveriam trabalhar de maneira solidária em busca do bem comum como forma de superar a individualidade do liberalismo, pois nela o indivíduo ficava submetido à consciência coletiva, com pouca possibilidade de intervir nos fatos sociais.

Para a sociologia de Comte, a sociedade apresentava dois movimentos característicos, como afirma Costa (1997, p. 50):

Um levaria à evolução transformando as sociedades, segundo a lei universal, da mais simples à mais complexa, da menos avançada à mais evoluída. Outro procuraria ajustar todos os indivíduos às condições estabelecidas, garantindo o melhor funcionamento da sociedade, o bem comum e os anseios da maioria da população.

Partindo dessa visão, a sociologia comteana se apresentou como uma audaciosa proposta para modificar a sociedade fundamentada em um novo modelo social que dava ênfase à experiência e buscava explicar as questões práticas da humanidade com vistas a aprimorar o bem-estar intelectual, moral e material do homem a fim de de manter a convivência em harmonia. Para isso, seria utilizado o método positivo, que examinava os problemas sociais sob a ótica científica de sua sociologia, pois ele a considerava a mais importante de todas as ciências. Ao estruturar núcleos permanentes como a pátria, a propriedade, a família, o trabalho e a religião (embora excluísse a preocupação com a teoria do Estado e a economia política), a sociologia seria o ponto inicial da moral, da política e da religião positivas.

Imbuído desse objetivo, Comte dividiu o estudo da estrutura social em dois campos vitais e distintos: o estudo da **ordem social**, que denominou *estática social*; e o estudo da **evolução social**, a que chamou *dinâmica social* (Ribeiro Júnior, 1994).

A estática social estabelece a ordem social, pois se relaciona à harmonia que deve haver entre as diversas condições da existência, já que o positivismo é avesso a qualquer tipo de violência como forma de conseguir a transformação social; a dinâmica social estabelece o progresso social, pois se refere ao desenvolvimento ordenado da sociedade pela divisão em classes, que, por meio da ordem e do progresso, fariam frente ao individualismo da sociedade liberal. Fundamentadas na moral positiva, a preparação dos organismos sociais para uma boa atuação em sociedade deveria ter por base a persuasão, visando aperfeiçoar as ações práticas e intelectuais dos indivíduos. Só assim seria possível explicar e compreender, com a máxima precisão, os grandes fenômenos da espécie humana, vistos sob todos os seus aspectos.

Embora estática e dinâmica sejam antagônicas, Comte encontrou uma conciliação propondo que a ordem (estática), unindo os integrantes da sociedade a um objetivo comum, permitiria a evolução social, o progresso social (dinâmica), por meio do ajustamento e da integração social. Dessa forma, devem ser contidos os conflitos, as revoltas ou os movimentos reivindicatórios que poderiam inibir o progresso ao pôr em risco a ordem que estabelece o funcionamento da sociedade e ainda preserva as instituições que mantêm a coesão e garantem esse funcionamento, tais como a família, a religião, a propriedade, o direito e a linguagem.

Assim, para Comte, a estática (ordem) teria privilégio em relação à dinâmica (progresso), ou seja, a conservação (permanência) se sobrepõe à mudança, porque é o progresso que deve aperfeiçoar a ordem, e não destruí-la, justifica-se, então, sempre que necessário, a intervenção na sociedade a fim de garantir a ordem e promover o progresso.

Comte entendia que esse modelo social seria capaz de superar as duas **correntes políticas** de seu tempo:

> *Por um lado, a conservadora, que argumentava que os problemas existentes na sociedade emanavam da destruição da ordem anterior – a ordem medieval – e exigiam sua imediata restauração. Por outro, os que afirmavam a necessidade do progresso, as correntes originárias das tendências críticas do iluminismo, que consideravam que os problemas advinham do fato de que a ordem anterior não havia sido completamente destruída e que a revolução deveria continuar.* (Simon, 1986, p. 151)

O progresso da sociedade industrial se dava de maneira desordenada, afinal, a sociedade era mal administrada, desorganizada, e essa característica gerava uma crise de oposição de interesses diante do antagonismo entre as classes sociais dos empresários e dos operários. A superação dessa crise, segundo Comte, deveria vir da política positiva, que propunha incorporar o proletariado à ordem científico-industrial. Como explica Superti (1998, p. 7),

Isso seria possível, segundo Comte, à medida que o conjunto social, orientado pelo poder positivista formasse um forte movimento de opinião pública no sentido de mostrar aos detentores do capital a sua origem e o seu objetivo social, não permitindo que a riqueza social fosse gestada em prejuízo da massa proletária, cabendo a esta última limitar suas pretensões às possibilidades econômicas de cada período.

A sociedade positiva tinha a própria visão sobre o mundo do trabalho. Como o trabalho não encontra equivalência no capital, Comte propôs o pagamento de um subsídio a cada membro trabalhador da sociedade na forma de um salário mínimo, que seria fixado de acordo com as necessidades básicas do trabalhador e que deveria ser dividido em duas partes: uma fixa, comum a todos, e outra variável conforme a produtividade de cada indivíduo. Esse subsídio deveria ser o mais alto possível, em consonância com o conjunto dos bens disponíveis, pois era dever da sociedade para com os que trabalharam para seu desenvolvimento.

A **educação positiva** deveria incorporar o proletariado à ordem social (que desde sua origem medieval ficara sempre à margem), dando-lhe instrução científica básica, para que ele pudesse exercer sua função social de fiscalizar, com os intelectuais, a administração prática da riqueza e do poder. Assim, a classe trabalhadora, ao contribuir para a regeneração social positiva, seria o fundamento da ordem moral. Para Comte, a classe proletária seria superior às outras pelo sentimento moral, social, de amor e de submissão que lhe seria característico, o que atendia a uma de suas máximas: "Agir por afeição e pensar para agir" (Comte, 1978, p. 149).

O princípio da divisão social do trabalho, relatado nas pesquisas de Superti (1998), seria a base e o fundamento da organização social. O Estado seria o mantenedor da ordem, base do progresso, e o operacionalizador do governo da sociedade, que deveria garantir a divisão racional do trabalho e a unidade das partes no todo, uma vez que as diferentes e especializadas funções poderiam tender à dispersão.

Esse novo modelo social previa que o Estado seria como um fruto da própria sociedade em desenvolvimento, o que demandava desse mesmo Estado "uma função coordenadora totalizante que submetesse a si todas as demais atividades" (Superti, 1998, p. 9). Como o cérebro do organismo social, esse Estado seria intervencionista, supraclassista, cujo governo se imporia pela força material e de forma coercitiva, como uma ditadura, extinguindo os órgãos legislativos isso porque, segundo Comte, trata-se de uma sociedade legislativa organizada sob a forma da opinião pública que representava a si própria; de forma geral, deveria compartilhar com o Estado as regulamentações legais que partiriam das necessidades do todo. Apenas seria necessário um colegiado eletivo para exercer as funções administrativas do erário público, de forma a manter o equilíbrio orçamentário, para que não houvesse despesa sem receita.

O **Estado positivo** perderia as características aristocráticas e parlamentares e seria constituído em uma ditadura republicana ou por uma monocracia republicana, pois nasceria da própria sociedade e, assim, tornar-se-ia o legítimo garantidor da ordem social e política, tendo o governante como seu principal servidor público. O Estado positivo, sendo o cérebro do organismo social, representaria toda a sociedade como nação politicamente organizada e seria responsável pela garantia da propriedade privada e por seu uso social, bem como pela acumulação de capital para o progresso material da sociedade, determinando a direção que ela tomaria.

Para Comte, a implantação do modelo positivo de sociedade seria possível porque um progresso não subsiste sem a ordem, quer dizer, sem ordem não há progresso porque **o progresso é o desenvolvimento da própria ordem**. Portanto, ordem e progresso se completam e somente por meio dessa síntese é possível eliminar as imperfeições e restabelecer a unidade social que levaria à evolução social.

Essa síntese comteana visa conciliar as ideias antagônicas de ordem (estática) e progresso (dinâmica). A esse respeito, escreveu Giacóia Junior (1983, p. 25):

combinando adequadamente observação e raciocínio, o espírito positivo substitui a imaginação pela observação racional e pode empreender uma descrição da ordem como passível de contínuo progresso e do progresso se processando a partir da ordem. A ordem em progresso, ou o progresso da ordem, parte de uma primitiva fundamentação teológica para atingir uma fundamentação positiva, passando por um interregno de agitação metafísica.

Pela doutrina e pelo método positivo, Comte propôs conciliar a sociedade individualista e liberal por meio da ordem e do progresso, considerados o principal fundamento de todo o sistema sociopolítico comteano, para o qual não existe nenhum direito individual além do de cumprir o dever social. Ele considerava a física social uma ciência abstrata que tratava dos fenômenos sociais, e as ciências políticas seriam a prática dessa física social ou sociologia.

Podemos resumir as ideias positivistas de organização social e política por duas máximas de Comte (1978, p. 69): 1) "O progresso é o desenvolvimento da ordem" (p. 236); 2) "A ordem constitui sem cessar a condição fundamental do progresso".

4.3
A moral positiva

Tendo formulado a física social (a sociologia) com o objetivo de organizar o quadro social instável da época, Comte entendeu que a finalidade da filosofia é hierarquizar as ciências: na base, aparece a matemática, depois a astronomia, a física, a química, a biologia e, no topo, a sociologia, que seria a mais nobre das ciências, pois caberia a ela a tarefa de reformular a sociedade de acordo com a moral positiva.

Partindo da ideia de que a superioridade da classe operária vinha de seu sentimento social e que tal sentimento fundamenta toda a ação humana, a qual se determina não pela inteligência, mas pelo que se sente, pois é o sentimento que leva à ação, a razão apenas a controla, Comte via o proletariado como a classe destinada a realizar os objetivos da moral e da política positivas por meio da ajuda que deveriam prestar aos filósofos na regeneração da sociedade, conforme a máxima positiva já citada: "Agir por afeição e pensar para agir" (Comte, 1978, p. 149). Segundo Superti (1998, p. 8),

Esse amor, necessário à ordem social, nascia na família, na qual o homem é iniciado na educação moral e aprendia o devotamento aos seus. Pois, era na educação doméstica que se ordenavam os instintos egoístas, fazendo a necessária ligação entre a existência pessoal e social, tendo em vista que "o verdadeiro caráter da educação moral dependia da submissão do indivíduo à sociedade". Era com o amor deste que a Humanidade renovaria a conduta moral, e, portanto, era através da moralidade, do sentimento, contido no positivismo, que Comte pretendia regenerar a sociedade humana.

Pela afeição e submissão que Comte via no proletariado, ele inferiu o destino moral dessa classe, à qual caberia a reestruturação da sociedade segundo a moral positiva, que visava reformular a própria moral da sociedade e seu lado intelectual de modo a constituir a nova fé ocidental, com sacerdócios definitivos, capaz de fundar a verdadeira religião.

A moralidade positiva devia despertar na população o sentimento de obediência e submissão política e nos governantes a responsabilidade no exercício da autoridade; quanto à economia, devem os pobres aprender a ser felizes em sua condição social e os ricos a ser administradores perfeitos de seus bens para que, assim, ambos contribuam para a grandeza e prosperidade da realização da humanidade como um todo harmônico. Isso demonstra que política e economia fazem parte da moral positiva.

A individualidade não existe, o indivíduo só existe como membro dos grupos, de qualquer grupo, desde a família, célula-base por excelência, até a política. Nenhum direito individual é reconhecido além do de cumprir o dever; a noção de direito individual não se sustenta, uma vez que todos devem cumprir a ordem que é sempre em benefício da sociedade – **ordem social**.

Com isso, a liberdade e a consciência deixam de existir, pois, sozinha, a consciência não determina a prática da existência, já que as condições materiais da vida não definem a consciência. Ao povo não cabe nem a soberania, pois o governo ditatorial se exercita por um despotismo espiritual e temporal pelo princípio da força governamental, ou seja, cabe ao indivíduo a obediência e a submissão à ordem em nome do progresso fraternal da sociedade.

Para Comte, esse modelo social faria surgir a **fraternidade universal**, pois, ao matar a individualidade, ele acreditava que o bem público, ou bem-estar social, inclinaria uns aos outros, na forma de altruísmo.

Paulo Augusto Antunes Lacaz (1994) resume a moral positiva

como sendo o conjunto das melhoras psíquicas, ou seja, dos aperfeiçoamentos afetivos, intelectuais e das ações práticas, com sua respectiva influência sobre as outras partes e funções do Organismo Individual Humano. De maneira a se por cada vez melhor no estado de ser útil a um outro Ser – Organismo Social. Aqui subentende-se por outro, os laços de entendimentos morais, intelectuais e práticos de três Seres Coletivos, dos mais e cada vez mais Grandiosos, que são: a Família, a Pátria, a Humanidade.

Essa fórmula moral do positivismo prevê viver para outrem conhecendo suas próprias competências (modo do viver) e, com isso, evitando a inveja e a pretensão a algo fora de suas possibilidades, portanto sem preconceitos ou privilégios, mas sempre se promovendo por mérito e sem ambição desmesurada, para que, por meio da autocrítica, possa promover o bem-estar social e engrandecer o amor universal.

Todos teriam igualdade de oportunidades, todas as profissões teriam o mesmo mérito e a competência manteria o entusiasmo rumo ao crescimento, pois o demérito ou a incompetência seriam a vergonha que indicaria a necessidade da mudança de conduta, com vistas ao bem-estar social de todos, uma vez que a inteligência se sobrepõe à riqueza e a maior competência é gerar o lucro necessário ao destino social.

A preocupação de Comte em construir um sistema de valores girou em torno da valorização do ser humano, da paz e da concórdia universal.

Para ele, o ser humano é um **ser total**, uma realidade completa que se realiza na totalidade humana de forma psíquica e afetiva, intelectual e prática, individual e coletiva, moral e material, como um organismo individual que deve encontrar seu apogeu no organismo social.

Visando alcançar esse objetivo, a educação dos membros da sociedade deveria iniciar-se na tenra idade e as crianças deveriam ser ensinadas sobre a importância de se manter a ordem por meio da disciplina, da obediência e da hierarquia, função esta que caberia à escola como atividade primordial, pois a educação positiva deve ensinar ao aluno como o mundo funciona pela ordem e, com isso, buscar formar seu caráter bondoso.

Tendo a ciência positiva como fundamento, a educação de cada indivíduo deveria seguir o modelo da evolução social: na infância, o indivíduo ainda estaria no estágio teológico, atribuindo ao sobrenatural os acontecimentos; então, caberia aos estudos científicos, em detrimento dos literários, fazer com que ele alcance a maturidade do espírito.

A educação positiva também deveria desenvolver nos jovens o altruísmo, buscando eliminar o egoísmo, uma vez que Comte acreditava que os homens trazem em si ambos os instintos – altruísmo e egoísmo –, mas apenas o altruísmo é nobre, pois só ele é capaz de levar ao objetivo existencial positivista de dedicar a vida às outras pessoas.

Sem levar em conta os processos mentais do aluno, a educação positiva enfatiza a medição da eficiência prática dos métodos de ensino e do desempenho dos alunos – o que, no século XX, foi aperfeiçoado pela psicologia comportamental, sendo que seus experimentos e testes foram aplicados em larga escala, sob influência do positivismo.

Acreditando que a ciência positiva seria responsável por desenvolver a fraternidade entre os homens, a responsabilidade pelo aperfeiçoamento das instituições estaria a cargo de uma elite restrita de cientistas que formariam a classe dirigente, daí a importância de uma escola rígida e autoritária que funcionasse como um dos órgãos responsáveis por despertar, promover e desenvolver nos estudantes a solidariedade natural, capaz de levar a sociedade ao progresso desejado.

4.3.1 A religião da humanidade

A preocupação de Comte em construir um sistema de valores girou em torno da valorização do ser humano, da paz e da concórdia universal. Para ele, o ser humano é um ser total, uma realidade completa que se realiza na totalidade humana de forma psíquica e afetiva, intelectual e prática, individual e coletiva, moral e material, como um organismo individual que deve encontrar seu apogeu no organismo social com base no proletariado, que, para ele, apresentava a vocação moral necessária, conforme vimos no capítulo anterior.

Profundamente influenciado por Clotilde de Vaux*, Comte conclui que deve criar também uma religião que atenda a essa finalidade e permita a realização plena da humanidade dentro da ordem que constrói o progresso.

Para Ribeiro Júnior (1994, p.5),

É a partir da morte de Clotilde que Comte atribui-se um papel messiânico: supunha realizar uma missão de regeneração da humanidade. Comte dizia que foi Clotilde quem lhe deu forças para iniciar e acabar a segunda parte de sua obra e lhe fez ver a importância social dos sentimentos sobre a teoria e a práxis.

Assim, pensando na busca pela unidade moral humana, Comte desenvolveu a **religião da humanidade**.

Para o positivismo, o que caracteriza as religiões é a busca pela unidade moral humana, e não os deuses ou o sobrenatural – as religiões do passado

---

* Clotilde de Vaux, moça pobre, foi abandonada pelo marido cheio de vícios, que dera um desfalque na Coletoria em que trabalhava e fugira, deixando-a com muitas dívidas. Aos 25 anos, Clotilde, sem recursos e impossibilitada de se casar novamente, tornou-se militante pelo divórcio e publicou uma novela no jornal *National* em 1845, cuja personagem vivia uma situação igual à sua. Nesse mesmo ano, conheceu Comte, que imediatamente se sentiu seduzido por ela, mas recusou um romance por seu impedimento em se casar. Clotilde passou, então, a receber cartas apaixonadas de Comte e, mesmo lisonjeada, não caiu de amores por ele, mas ficou cada vez mais impressionada com a adoração que ele lhe devotava, embora seu relacionamento se mantivesse sempre intelectual e espiritual. Impressionado com o amor platônico que ela lhe devotava, Comte a associou ao sexo feminino em sua obra de renovação social e moral. Visando colaborar com a obra de Comte, Clotilde passou a escrever o romance filosófico *Wilhelmine*. Sofrendo por não poder se casar nem ter filhos e sendo obrigada a aceitar ajuda financeira de Comte, ela adoeceu de melancolia e faleceu em 1846. Quando, em 1851, Comte publicou sua obra *Système de politique positive*, ele a dedicou a Clotilde e disse esperar que a humanidade, reconhecida, associasse sempre seu nome ao dela (Ribeiro Júnior, 1994).

eram somente formas provisórias da única e verdadeira religião: a religião positiva, uma religião racional e científica, que não admite mistérios, revelações, vontade sobrenatural ou qualquer crença que não passe pelo crivo da razão, e que apresenta um novo conceito positivo e humano de ser supremo, a própria humanidade, pois é uma religião racional.

Assim, a religião da humanidade não é ateísta, pois professa a crença em um ser supremo abstrato, mas real: a humanidade personificada, a deusa do positivismo, que representa o conjunto convergente de todas as gerações, passadas, presentes e futuras que já contribuíram, que ainda contribuem e que irão contribuir para o crescimento, aperfeiçoamento e desenvolvimento humano. É uma religião completa, porque tem um culto elaborado, doutrinas, dogmas e regime fundamentados nos ensinamentos éticos de sua amada Clotilde de Vaux: "Viver às claras" (Comte, 1978, p. 280) e "Viver para outrem" (Comte, 1978, p. 269).

Embora contrário à teologia e à metafísica e considerando o catolicismo antissocial, por acreditar que ele não era capaz de conduzir toda a humanidade, Comte nutria alguma simpatia à religião católica, em virtude de sua doutrina hierárquica e de sua compreensão das necessidades espirituais do homem. Assim, tomou-o como modelo para a religião positiva.

Como no catolicismo, a religião da humanidade apresenta uma trindade: a **humanidade que trabalhou**, composta pelos mortos que adquiriram a vida subjetiva; a **humanidade que trabalha**, os vivos que lutam para adquirir a subjetividade; e **aqueles que ainda nascerão** e que também deverão adquirir a subjetividade.

Equivalentes aos santos católicos, a religião da humanidade venerava os sábios do passado e grandes religiosos, tais como Buda, Moisés, Confúcio, Maomé, bem como grandes filósofos da história, aos quais devotava ritos sociais; venerava também os ilustres heróis, cuja recordação devia ser exaltada como exemplo; venerava ainda as almas dos familiares mais próximos, como a mãe e as filhas, as quais Comte chamou de *anjos da guarda*. Para a religião da humanidade, o positivista religioso estaria, assim, cercado pelas almas amadas que o protegeriam e o auxiliariam. Essa seria a comunhão positivista: a comunhão de todos os homens no tempo e no espaço. É o culto de pessoas que cooperam com a humanidade com vistas à existência comum, pois o objetivo dessa religião era ordenar cada natureza individual, religando-as a todas as individualidades.

Completando a doutrina religiosa positiva, além desses veneráveis, que são uma parte do grande ser que é a humanidade, a religião da humanidade reservava especial lugar à sua padroeira suprema – a mulher modelo, a intercessora privilegiada entre os homens e a humanidade divinizada, inspirada em Clotilde de Vaux, que equivaleria à Virgem Maria. Isso confere às mulheres uma função privilegiada na religião da humanidade: a elas cabe velar e zelar por toda a humanidade, passada, presente e futura.

Quanto às classes, a religião da humanidade tem como mais importantes os sacerdotes, que não seriam teólogos, mas sociólogos. Quanto ao culto, são de dois tipos: um dirigido às mulheres e outro à humanidade; as orações seriam como obras de arte por sua originalidade poética. Quanto ao dogma essencial, entende-se que há coisas que o homem pode conhecer e outras que jamais vai conhecer, pois somente os fenômenos e suas relações são conhecidos, mas não sua essência, ou causas íntimas, eficientes ou finais, já que são do âmbito da metafísica, inacessível ao homem. Assim, Deus não é necessário, pois é na própria humanidade que existe a comunhão de todos, a continuidade e a solidariedade em todos os tempos, com devotamento a um fim superior a qualquer individualidade (similar ao altruísmo e à solidariedade cristãos).

Até mesmo um calendário a religião da humanidade formulou, em que os nomes dos meses representariam grandes figuras do pensamento, como Moisés, Descartes, Dante, Shakespeare e Adam Smith, cujas obras deveriam ser estudadas, consagradas e adoradas pelos adeptos, uma a cada dia (Simon, 1986, p. 153-154).

Os preceitos da doutrina positiva visam coordenar e regulamentar as ações e os sentimentos humanos pela reunião de cada indivíduo ao redor do grande ser, que é o centro-motor da religião da humanidade e é representado pela família, pela pátria e pela própria humanidade, que o positivismo define como "o conjunto dos seres convergentes, do passado, do futuro e do presente que concorreram, que concorrerão e que concorrem para o bem-estar do homem na Terra" (Paulo Augusto Antunes Lacaz, 2003).

Com base na fórmula máxima das ideias sociais de Comte (1978, p. 190) "O amor por princípio, a ordem por base e o progresso por fim" –, podemos determinar o modelo da moral positiva: viver para outrem de modo que o indivíduo se subordine à família, a qual se subordina à sociedade, que, por sua vez, se subordina à humanidade, para que assim se mantenha a ordem que leva ao progresso de tal forma que, tudo estando em seu devido lugar, se possa estabelecer a ética da vida social positiva.

4.4
O positivismo e o Brasil República

Em fins do século XIX, a cena política brasileira se encontrava bastante desgastada, o sistema imperial era representado pelo Imperador D. Pedro II no Poder Moderador, o qual mediava os dois partidos que se alternavam no poder, o **liberal** e o **conservador**, fundamentados pela Constituição de 1824, mas sem nenhuma significação ideológica que os caracterizasse além da ausência de qualquer doutrina orientadora.

Nesse ambiente, quem realmente dominava era a aristocracia rural escravista, oligárquica, que se expressava pelos "barões do café", os quais subjugavam tanto a população quanto os dois partidos, e cuja política se esvaía pelo poder econômico da expansão da cafeicultura escrava, que acabava por determinar as transformações sociais da época ao tornar o café a base da exportação e, naturalmente, seus produtores em detentores do poder dominante da renda, do capital, da economia e também da política.

Esse sistema político e econômico, enfraquecido e dando sinais de falência, a exemplo de muitos países europeus que declararam o fim da monarquia e adotaram a república, começou a provocar descontentamento em vários setores da sociedade ao deixar de atender às demandas dos liberais e às expectativas individuais e coletivas. Com isso, surgiram questionamentos dos mais diversos setores da sociedade brasileira.

Alguns membros da Igreja Católica estavam descontentes com a interferência do governo do imperador em assuntos religiosos; o Exército se manifestava contra a corrupção dentro do governo monárquico e contra algumas imposições reais sobre os militares no sentido de proibir os oficiais de se manifestarem na imprensa sem autorização do ministro da guerra.

No âmbito da classe média, os estudantes e os profissionais liberais, visando adquirir poder político e influenciar na administração do país, passaram a fazer oposição ao regime monárquico e a demonstrar simpatia ao regime republicano, que possibilitava maior participação política dos cidadãos. Também os fazendeiros mais conservadores, proprietários de grandes quantidades de escravos, adeptos da monarquia, passaram a fazer oposição e retiraram seu apoio ao imperador.

Até mesmo os setores progressistas do Brasil se mostravam descontentes com o regime monárquico ante uma série de situações, tais como a falta de justiça social, o alto índice de analfabetismo, o ensino público para poucos, a miséria da população e o voto censitário.

Essa realidade brasileira se contrapunha ao avanço do naturalismo científico, que se apresentava como o novo contexto, e que veio derrubar as velhas ordens instituídas na Europa, onde o positivismo justificava as novas atitudes burguesas que se fundamentavam na fé no progresso honesto da humanidade.

Foi nesse cenário que, antes mesmo da morte de Comte, em 1857, aconteceu no Brasil a primeira manifestação do positivismo. Em 1844, o Dr. Justiniano da Silva Gomes defendeu uma tese na Faculdade de Medicina da Bahia, cujo título era *Plano e método de um curso de filosofia*, com a qual conseguiu a cátedra de Fisiologia. Nessa tese, o Dr. Justiniano faz explícitas referências à Comte, à lei dos três estados e ao método positivo, o que o torna o primeiro positivista brasileiro, apenas dois anos após a publicação do último volume do *Curso de filosofia positiva*, de Comte, em 1842.*

Mas, segundo Lins (1964), foi o livro de Francisco Antonio Brandão Jr., *A escravatura no Brasil*, de 1865, em que há um artigo sobre a agricultura e a colonização no Maranhão, que realmente apresentou o positivismo à sociedade brasileira, ao abordar a questão da escravidão, repelida pelas ideias sociais de Comte, nas quais fundamentou seus escritos.

Positivistas brasileiros

Justiniano da Silva Gomes foi um médico baiano, nascido em 1808. Em 1833, foi substituto da Seção de Ciências Acessórias e, no ano seguinte, professor interino de Química. Em 1840, lecionou, em caráter de interinidade, Farmácia e, no ano seguinte, Higiene. Em 1844, depois de se submeter a concurso, com a referida tese, foi

---

* Esta seção se fundamenta, até aqui, principalmente na obra de Ribeiro Júnior (1994).

nomeado professor catedrático de Fisiologia, assim permanecendo até 1861. Em 1841, realizou viagem de estudos à Europa. Foi, além de professor altamente conceituado, clínico de grande reputação. Faleceu em 1882 (Oliveira, 1992).

Francisco Antonio Brandão Jr. nasceu no Maranhão e doutorou-se em ciências naturais pela Universidade de Bruxelas, onde, com seus colegas Luis Pereira Barreto e Joaquim Alberto Ribeiro de Mendonça, começou a tomar contato com as ideias de Comte. Seu livro inaugurou a produção sociológica positivista no Brasil:

BRANDÃO JUNIOR, F. A. **Escravatura no Brasil precedida d'um artigo sobre agricultura e colonização no Maranhão.** Bruxelas: Thiry-Van Buggenhoudt, 1865.

Assim, trazido por brasileiros que estudavam na França, onde alguns foram alunos de Comte, o positivismo chegou ao Brasil e, graças às crises que causavam descontentamento às diversas classes sociais, encontrou rapidamente adeptos, tornando-se o Brasil a segunda pátria da doutrina positiva. Porém, tal como acontecera na França, por sua dualidade ciência/religião, o positivismo separou seus seguidores em **ortodoxos**, liderados por Pierre Laffitte, que seguiam a vertente religiosa, e os **heterodoxos**, capitaneados por Émile Littré, que se conservavam fiéis ao positivismo científico e filosófico. Aqui no Brasil, a divisão se deu entre os **ortodoxos**, liderados por Miguel Lemos e Teixeira Mendes, que seguiam a vertente religiosa, e os **dissidentes**, representados por alguns políticos com visão monárquica positivista e por Luís Pereira Barreto, Tobias Barreto e Sílvio Romero, que buscavam em Comte fundamentos teóricos, filosóficos e científicos para a República.

A vertente científica do positivismo se tornou presente no Brasil dentro da Escola Militar, do Colégio Pedro II, da Escola da Marinha, da Escola de Medicina e da Escola Politécnica, no Rio de Janeiro, enquanto a vertente religiosa tornou-se o Apostolado Positivista, por iniciativa de Miguel Lemos e Raimundo Teixeira, em 1881. Com isso, apesar do naturalismo e do evolucionismo, o positivismo se tornou uma reação filosófica contra a doutrina católica, então única reflexão intelectual no país.

A Igreja Positivista do Brasil

Fundada em 11 de maio de 1881 (dia 19 de César de 93) por Miguel de Lemos, está localizada à Rua Benjamin Constant, 74, no Bairro da Glória, no Rio de Janeiro. Sua sede também é conhecida como *Templo da Humanidade* e foi o primeiro edifício construído no mundo para difundir a **religião da humanidade**, em 8 de abril de 1876 (dia 8 de Arquimedes do ano 88, de acordo com o calendário positivista). A iniciativa do Sr. Oliveira Guimarães, professor de Matemática, simpatizante do grupo Laffittista, que propôs uma fusão entre os dois grupos, foi aceita pela totalidade dos positivistas, e fez surgir a sociedade estabelecida nos padrões da filosofia positivista, passando a denominar-se, em 1878, *Sociedade Positivista do Rio de Janeiro*, filiada à Igreja Positivista da França, sob a direção de Pierre Laffitte, passando a acelerar a divulgação do positivismo. Teve como primeiros sócio-fundadores Oliveira Guimarães, Benjamin Constant, Álvaro de Oliveira, Joaquim Ribeiro de Mendonça, Oscar Araújo, Miguel Lemos e R. Teixeira Mendes. Entre as teses do Apostolado Positivista estavam a instalação e a manutenção da ditadura republicana, a elaboração de um projeto constitucional, a separação da Igreja do Estado, uma ampla reforma no ensino e a liberdade como princípio universal, a partir da ideia de ordem e do progresso.

Fonte: Lombardi; Saviani; Nascimento, 2006.

Os novos ideais trazidos pelo positivismo alimentaram as ideias republicanas da chamada **geração 1870** e desembocaram na Convenção de Itu, de 1870, que mostrou ao Império que a monarquia constitucional não atendia mais às necessidades de crescimento do país. Então, tratava-se de transformá-lo por meio de mudanças técnicas, políticas e espirituais, a exemplo do que acontecia na Europa.

De acordo com Prado (2006, p. 8),

Contrários à escravidão, defensores do cientificismo, adeptos do progresso material e das artes mecânicas, da engenharia, da matemática e das técnicas os positivistas se posicionavam contra o mundo que a monarquia criou. O exército e as camadas médias urbanas encontrariam em seus pressupostos um ponto de referência capaz de impulsionar as mudanças políticas, sociais e econômicas no sentido de se construir uma sociedade moderna, integradora e distante do liberalismo que pouca chance tinha de florescer no Brasil preso às tradições ibéricas e à permanência dos traços coloniais: patrimonialismo, escravidão, ausência de individualismo.

Assim, o positivismo tornou-se a filosofia fundamental no debate político do Brasil do século XIX pelas inúmeras influências que teve na organização dos ideais republicanos por onde se infiltrou. A atividade doutrinária desenvolvida dentro das Forças Armadas teve em Benjamin Constant Botelho de Magalhães (1836-1891), professor de Ciências Físicas e Matemática na Escola Normal e na Escola Militar, o maior defensor do princípio positivista da valorização do ensino como forma de se alcançar o estado sociocrático. Apesar de o positivismo destinar o ensino às camadas mais pobres da sociedade, no Brasil, em virtude do baixo nível de instrução do proletariado, os ensinamentos positivistas tiveram sua transmissão restrita aos poucos que estudavam nas escolas militares.

Benjamim Constant ensinava os fundamentos do positivismo a essa juventude. Com grande prestígio entre os jovens oficiais, acabou por criar na caserna um espírito de corpo entre grande parte dos oficiais, levando-os a assumir o ideal republicano fundamentado na razão e na ciência positiva. Sob a liderança de Benjamim Constant, os militares se engajaram no movimento republicano positivista e passaram a rejeitar a política imperial, que não valorizava a corporação e que, por medo de insurgências (o que já havia acontecido no México e na Argentina), reduzira o contingente militar e criara a Guarda Nacional.

Dessa maneira, os militares, trazendo a público seus problemas de baixos soldos, transferências e punições e a situação de penúria em que se encontrava o Exército Brasileiro, de acordo com o que escreveu Seyssel (2005), foram saindo de uma condição secundária e tomando consciência de sua importância e poder num regime de domínio absoluto dos civis, em que somente os militares, os médicos e os engenheiros se aprofundavam nos estudos científicos.

Desse modo, a doutrina positivista acabou atraindo as classes privilegiadas e se propagou nas escolas, influenciando os estudantes que, até então, tinham uma cultura mais literária que científica. Ela invadiu também as províncias brasileiras na sua forma integral, isto é, o método filosófico se espalhou com a Igreja da Humanidade de Miguel Lemos e Teixeira Mendes, que adotaram o não envolvimento na política dos movimentos republicanos. No entanto, a campanha republicana no Brasil foi bastante acalorada, porque até mesmo dentro do próprio Partido Republicano havia uma polêmica reforçada pela Igreja Positivista, que publicava opúsculos e circulares anuais, fomentando a discussão entre antimonarquistas e conservadores.

Nesse contexto, as ideias republicanas, fundamentadas na filosofia de Comte, partiram de várias frentes e encontraram apoio das elites intelectuais, capitaneadas pelo poder emergente do Exército, que vinha fortalecido da Guerra do Paraguai (1864-1870), apontando que a monarquia não teria mais como evitar seu fim. O tenente-coronel Benjamim Constant, grande defensor da queda do Império e disseminador dos ideais positivistas, professor admirado na Escola Militar de Praia Vermelha – Rio de Janeiro, conhecida como Tabernáculo da Ciência, ali gestou o golpe tramado nas casernas lideradas pelo Marechal de Campo Deodoro da Fonseca, que, apesar de amigo do imperador e monarquista, estava se sentindo desprestigiado e perseguido, o que fez com que se unisse a Benjamin Constant.

Para conhecer mais sobre a Guerra do Paraguai, visite o site: SÓ HISTÓRIA. **Guerra do Paraguai**. 2009-2015. Disponível em: <http://www.sohistoria.com.br/ef2/guerraparaguai/>. Acesso em: 17 abr. 2015.

Apesar das diferenças ideológicas, a união das forças do Tenente-Coronel Benjamin Constant e do Marechal Deodoro possibilitou o golpe militar que derrubaria o Imperador D. Pedro II e decretaria o fim da monarquia no Brasil.

Na noite de 15 de novembro, sexta-feira, na Casa dos Meninos Cegos, reuniram-se com Benjamin Constant os homens que viriam a ser os ministros da nova República para designarem os cargos, decidir quem seria o primeiro presidente da República e escrever o decreto inaugural do novo sistema de governo. Decidido que o presidente seria Marechal Deodoro (62 anos) e com o decreto já redigido, foi necessária apenas a assinatura de Deodoro, que teria dito: "Vá lá", oficializando as nomeações. O texto do primeiro artigo do decreto inaugural da República informava: "Fica proclamada provisoriamente e decretada como forma de governo da nação brasileira a República Federativa" (Brasil, 1889).

Restava ainda um último ato para sacramentar a Proclamação da República: uma mensagem do novo governo depondo o imperador e decretando o exílio de toda a sua dinastia. Assim, na tarde de sábado, dia 16 de novembro, coube ao Major Sólon Ribeiro* entregar a mensagem que, sem nenhuma participação popular, punha fim aos 77 anos de monarquia constitucional e acabava com o reinado do Imperador D. Pedro II.

Após o 15 de novembro, o Apostolado Positivista – os ortodoxos da Igreja da Humanidade representados por Miguel Lemos e Teixeira Mendes, que haviam se separado da ala positivista representada por Benjamin Constant – reconciliou-se e passou a atuar efetivamente no Estado Republicano.

A Proclamação da República pode ser considerada o auge do positivismo no Brasil porque, além de fundamentar esse ato político, um grande número de positivistas assumiu relevantes cargos no novo governo, a exemplo de Benjamin Constant, que foi nomeado ministro da Guerra. Outras influências positivas se refletem nas medidas tomadas para a organização formal da República logo nos seus primeiros anos. Entre elas, destacam-se: na correspondência oficial, a saudação final "Deus guarde a V. Exª." foi substituída por uma referência ao culto da humanidade e passou a ser "Saúde e fraternidade"; os tratamentos de *Vossa Excelência*, *Vossa Senhoria* etc. foram substituídos pela forma *Vós*; o Decreto n. 119-A, de Ruy Barbosa, de 7 de janeiro de 1890, determinou a separação entre Estado e Igreja; foram instituídos os decretos dos feriados nacionais, sendo que alguns permanecem atualmente, como o dia 2 de novembro e o dia 1º de janeiro; a instituição do casamento civil pelo Decreto n. 181, de 24 de janeiro de 1890.

---

* O major Frederico Sólon de Sampaio Ribeiro, 46 anos [...] Condecorado por bravura na Guerra do Paraguai, militante na campanha pela Abolição da Escravatura e republicano [...] tinha como objetivo, ao espalhar o boato, levar as tropas do Exército a odiar ainda mais o Visconde de Ouro Preto – a ponto de saírem à rua para derrubá-lo. Na sequência da revolta talvez surgisse a República. E era justamente a República que Sólon queria (A trama..., 1989).

A mais polêmica dessas influências, porque suscitou divergências, foi a criação da bandeira republicana (Seyssel, 2005). A nova bandeira foi concebida pelo Prof. Raimundo Teixeira Mendes em colaboração com o Dr. Miguel Lemos e o professor de Astronomia da Escola Politécnica Manuel Pereira Reis. Foi concebida e desenhada pelo pintor Décio Vilares e instituída pelo Decreto n. 4, de 19 de novembro de 1889, preparado por Benjamin Constant e assinado pelos membros do governo provisório: Marechal Deodoro, Quintino Bocaiuva, Aristides da Silveira Lobo, Ferraz de Campos Sales, Benjamin Constant, Eduardo Wandenkolk e Ruy Barbosa, que redigiu o decreto. A polêmica sobre a criação da nova bandeira girou em torno do dístico positivista "Ordem e Progresso". Apesar dos opositores, a pressão dos positivistas fez com que ela fosse aceita.

A Proclamação da República

Enquanto Benjamin Constant era abertamente contrário à monarquia por seus princípios positivistas, o Marechal Deodoro era um militar de carreira, que fora afastado do centro do poder e enviado como Comandante das Armas da Província do Mato Grosso, onde deveria submeter-se a um coronel, o presidente da província Cunha Matos, o que o deixara muito desgostoso com o imperador, embora na carta que escrevera a seu sobrinho Clodoaldo Fonseca, aluno da Escola Militar de Porto Alegre, ficasse evidente sua posição ideológica, conforme podemos ver em Gomes (2013b):

> Integrante da chamada "mocidade militar" liderada por Benjamin Constant e ardoroso defensor da república, Clodoaldo escreveu uma carta ao tio em meados de 1888 na qual expressava suas ideias. Deodoro reagiu contrariado. "República no Brasil é coisa impossível porque será uma verdadeira desgraça", respondeu o marechal. "Os brasileiros estão e estarão muito mal educados para republicanos. O único sustentáculo do nosso Brasil é a monarquia. Se mal com ela, pior sem ela".

Em outra carta, pouco depois, o marechal recomendou ao sobrinho: "Não te metas em questões republicanas, porque República no Brasil e desgraça completa é a mesma coisa; os brasileiros nunca se prepararão para isso, porque sempre lhes faltarão educação e respeito".

Isso se comprovaria já nos primeiros anos da República. A agitação política e social que surgiu por causa dos movimentos dos militares deixou no ar uma tensão entre o Exército e o governo, que, no dia 14 de novembro de 1889, por meio do Major Sólon Ribeiro, espalhou um boato pela capital de que mandara prender por conspiração Benjamin Constant e Deodoro. Isso fez com que, na madrugada do dia 15 de novembro de 1889, comandados pelo Marechal Deodoro, 600 soldados da cavalaria, que nem sequer sabiam o que iria acontecer e sem nenhuma manifestação de força, se dirigissem ao quartel onde se encontrava em vigília o Primeiro-Ministro Visconde de Ouro Preto, que se entregou ao Marechal Deodoro e, a seguir, enviou um telegrama ao imperador, que estava em Petrópolis, informando que o Marechal Deodoro entrara triunfante no quartel, aclamado pelas tropas.

Ao findar o dia, corria pela cidade a falsa notícia de que o imperador nomeara, para substituir Ouro Preto no ministério, um inimigo pessoal do Marechal Deodoro, o Senador Gaspar da Silveira Martins (1835-1901). Algumas pessoas diziam que esse boato teria sido espalhado por Benjamin Constant. Marechal Deodoro, que a essa hora já havia se recolhido à cama, pois se encontrava adoentado com problemas respiratórios, irritou-se ao tomar conhecimento da notícia e mandou chamar Benjamin Constant a sua casa. Ali mesmo, de sua cama, o Marechal Deodoro disse a Benjamin Constant: "Pois diga ao povo que a República está feita!" E, foi assim, sem nenhum *glamour*, que se deu a Proclamação da República.

A população assistiu a tudo estupefata, surpresa, sem saber o que aquilo significava. Nem mesmo um quinto do Exército sabia dessa ação; muitos militares pensavam estar participando de uma quartelada que, no máximo, deporia o primeiro-ministro, mas jamais imaginavam a deposição do imperador e a derrocada da monarquia que representavam.

Um ano após a Proclamação da República, reunida a Assembleia Constituinte, os positivistas conseguiram novas conquistas, como: liberdade religiosa e profissional; proibição do anonimato na imprensa; extinção de medidas anticlericais; e ainda a reforma da educação nos moldes comteanos proposta de Benjamin Constant, que assumira o Ministério da Instrução Pública o que se constituiu em um valioso elemento para a divulgação e expansão das ideias positivistas.

Contudo, por não contar com o apoio dos velhos políticos do antigo regime nem com a simpatia dos políticos liberais de tradição monarquista que compunham o poder na república recém-instaurada e que se opunham aos positivistas, a propaganda em prol da república ditatorial comteana foi rapidamente se arrefecendo até que, com a reforma do ensino militar em 1930, entrou em declínio, ao perder seu poder de influência no Exército.

Todavia, as pesquisas de Sêga (2004) dão conta de que Júlio de Castilhos (1860-1903), que abrira mão do cargo de presidente do Estado do Rio Grande do Sul em 1889 para ser o secretário do governo, em 1890 se elegeu deputado no Congresso que elaboraria a primeira Constituição da República e ali se identificou aos ultrafederalistas e passou a defender o projeto político de inspiração positivista. Em 1891, foi eleito presidente do Estado pela Assembleia Legislativa do Rio Grande do Sul e, então, visando tornar o estado gaúcho a primeira república ditatorial de inspiração comteana, redigiu e fez aprovar pela Assembleia a nova Constituição Estadual, extremamente autoritária, que atribuía ao presidente estadual poderes para nomear o vice-presidente e reeleger-se, tornando o Legislativo estadual apenas um poder deliberativo, além de instituir o voto aberto. Com isso, Júlio de Castilhos tornou o Rio Grande do Sul o centro do positivismo no Brasil. Com base nesses princípios, durante quase 40 anos, os castilhistas ficaram no poder no estado, primeiro com Castilhos, em seguida com Antônio Borges de Medeiros (1863-1961), que se reelegeu quatro vezes, e, finalmente, em 1928, com Getúlio Vargas (1883-1954), que procurou implantar o positivismo em âmbito nacional quando em sua estada na Presidência da República, particularmente no período chamado *Estado Novo* (1937-1945), segundo Sêga (2004).

Por terem influenciado fortemente o Exército Brasileiro, os ideais positivistas também se estenderam às rebeliões tenentistas da década de 1920. Até mesmo no golpe militar de 1964 é possível identificar as influências do positivismo comteano, especialmente quando os militares justificaram o golpe alegando desvirtuamento moral do governo e da sociedade.

Nos dias atuais, podemos encontrar muitas das instituições positivistas trazidas com a República e que ainda organizam nossa sociedade, por meio das quais podemos resumir a influência do positivismo no Brasil: a Constituição Federal; as Constituições Estaduais; a liberdade religiosa com a separação entre Estado e Igreja; as liberdades de imprensa, de cátedra, de profissão, de reunião, de greve; a proteção aos silvícolas; a condenação às discriminações; o espírito de solidariedade; a reforma na educação, entre tantas outras.

Importante ressaltarmos que, embora tenha exercido tantas influências no pensamento nacional, o projeto sociopolítico de Comte, que pregava o desenvolvimento ordeiro e ordenado da sociedade rumo ao progresso, fundamentou no Brasil, paradoxalmente, revoluções e mudanças bruscas, o que se explica pela diversidade resultante de seu amálgama com outras correntes ideológicas que por aqui encontrou.

Ilustra bem esse fato uma curiosidade tipicamente brasileira: em 1933, os sambistas Noel Rosa e Orestes Barbosa escreveram e gravaram uma canção a que deram o título de *Positivismo*, cujos versos finais apresentamos a seguir.

> O amor vem por princípio, a ordem por base
> O progresso é que deve vir por fim
> Desprezaste esta lei de Augusto Comte
> E foste ser feliz longe de mim.

Fonte: Rosa; Reis, 2002.

A pretensão comteana de tornar a filosofia uma reflexão sobre as ciências está superada, tendo em vista que até mesmo a ciência já foi reformulada. No entanto, a herança positivista ainda pode ser encontrada em diferentes setores da atividade humana no Ocidente, especialmente no Brasil.

Síntese

Tendo em Augusto Comte (1798-1857), filósofo francês, seu criador e principal representante, o positivismo foi a teoria que buscou explicar o homem e a sociedade cientificamente ao compará-los à natureza e suas leis, o que, dessa forma, deu origem à ciência hoje chamada *sociologia*. Considerado reformador social, o núcleo de seu sistema filosófico está na teoria dos três estados, segundo a qual a sociedade, a cultura, ou seja, o espírito humano, passa por três etapas evolutivas, consecutivas: a teológica, a metafísica e a positiva, que, ao romper com as anteriores, leva a humanidade à sua maioridade e lhe permite atingir as ciências positivas, característica do positivismo que leva o espírito a superar toda a especulação e toda a transcendência, definindo-se pela verificação e comprovação das leis que se originam na experiência.

Para o positivismo comteano, as ciências positivas se ordenam hierarquicamente, cada uma tomando por base a anterior, até atingir seu nível mais elevado de complexidade, representado pela sociologia, conforme segue: matemática, astronomia, física, química, biologia e, finalmente, sociologia.

No entanto, a finalidade última do sistema positivista é política: organizar a sociedade cientificamente com base nos princípios estabelecidos pelas ciências positivas, procurando conciliar em sua proposta política de reforma social elementos da política conservadora, como a defesa da ordem, e da corrente liberal ou progressista, como a necessidade de progresso. Daí o famoso lema do positivismo comteano: "O amor por princípio, a ordem por base e o progresso por fim" (Comte, 1978, p. 190).

O positivismo exerceu grande influência no Brasil, especialmente na formação do pensamento republicano, considerando-se que muitas das ideias positivistas foram incorporadas à Constituição de 1891. Essa influência pode ser ilustrada pela presença, na Bandeira Nacional, do lema de inspiração positivista "Ordem e Progresso".

Contemporaneamente, muitas doutrinas filosóficas e científicas são consideradas "positivistas" por terem algumas dessas características, embora esse termo tenha adquirido conotação negativa nessa aplicação.

O termo *positivismo* caracteriza a doutrina que valoriza o método empirista e quantitativo, por meio da experiência sensível como fonte principal do conhecimento e considera as ciências empírico-formais como modelos para as demais ciências por sua cientificidade.

A palavra *positivo* designa tudo o que existe, que é real, palpável, concreto, factual, oposto a natural. Segundo Japiassú e Marcondes (2001, p. 154), para Comte, em sua obra *Discurso preliminar sobre o conjunto do positivismo*, de 1848, "todas as línguas ocidentais estão de acordo em conceder ao termo *positivo* e a seus derivados os dois atributos de realidade e de utilidade, cuja combinação por si só é suficiente para definir o verdadeiro espírito filosófico, que no fundo é apenas o bom senso generalizado e sistematizado".

Indicações culturais

Livros

ALONSO, A. **Ideias em movimento**: a geração 1870 na crise do Brasil Império. São Paulo: Paz e Terra, 2002.

CARVALHO, J. M. **A formação das almas**: o imaginário da república no Brasil. São Paulo: Companhia das Letras, 1990.

GOMES, L. **1889**: como um imperador cansado, um marechal vaidoso e um professor injustiçado contribuíram para o fim da monarquia e a proclamação da república no Brasil. São Paulo: Globo, 2013.

Filmes nos quais é possível identificar os ideais positivistas

ADMIRÁVEL mundo novo. Direção: Leslie Libman; Larry Williams. EUA: Universal, 1998. 90 min.

O CORPO. Direção: Jonas McCord. Israel; EUA: Lions Gate Films, 2001. 109 min.

MEU TIO. Direção: Jacques Tati. Itália; França: Continental, 1958. 116 min.

Música

ROSA, N.; REIS, M. Positivismo. Intérpretes: Noel Rosa e Orestes Barbosa. In: ROSA, N. **Noel pela primeira vez**. Rio de Janeiro: Galeão Novodisc, 2002. vol. 7, faixa 12.

Atividades de autoavaliação

1. Relacione a primeira coluna com a segunda:

   1) Comte   ( ) Exército
   2) Física social   ( ) Estática e dinâmica
   3) Positivismo   ( ) Pensamento cientificista
   4) Moral positivista   ( ) Pensamento positivo
   5) Proclamação da República   ( ) Sociologia
   6) Ordem e Progresso   ( ) Viver para outrem

2. Analise as proposições a seguir e assinale V (verdadeiro) ou F (falso):

   ( ) A doutrina positivista apresenta uma visão científica dos problemas sociais; visando coibir os abusos do individualismo liberal, substitui as interpretações metafísicas pelo estabelecimento da autoridade e da ordem pública em que todos os fatos da sociedade devem seguir a precisão científica.

( ) Para a filosofia positiva, o mundo, o homem e as coisas em geral estão submetidos a leis naturais, descobertas pela observação, que a ciência organiza e que a tecnologia permite aplicar, preferencialmente em benefício do ser humano.

( ) Segundo a lei dos três estados, a humanidade evolui do estado metafísico ao teológico até chegar ao estado positivo.

( ) Como o trabalho não encontra equivalência no capital, Comte propõe um subsídio a cada membro trabalhador da sociedade na forma de um salário mínimo, que seria fixado de acordo com as necessidades básicas do trabalhador e que deveria ser dividido em duas partes: uma fixa, comum a todos, e outra variável conforme a produtividade de cada indivíduo.

( ) Para Comte, a educação positiva não deve desenvolver nos jovens o altruísmo, buscando eliminar o egoísmo, pois ele acreditava que os homens trazem em si ambos os instintos – altruísmo e egoísmo –, mas apenas o altruísmo é nobre, pois só ele é capaz de levar ao objetivo existencial positivista de dedicar a vida às outras pessoas.

3. Identifique a alternativa que completa a afirmação a seguir:

O _____, como um organismo individual que só pode encontrar seu apogeu no _____, deveria iniciar a educação dos membros da sociedade na tenra idade e as crianças teriam de ser ensinadas sobre a importância de se manter a ordem por meio da _____, da obediência e da hierarquia, função essa que caberia à escola como atividade primordial, pois a _____ deve ensinar ao aluno sobre como o mundo funciona por meio da ordem e, com isso, buscar formar seu caráter bondoso.

a) ser humano – organismo social – disciplina – educação positiva
b) organismo social – ser humano – educação positiva – disciplina
c) ser humano – educação positiva – organismo social – disciplina
d) organismo social – educação positiva – disciplina – ser humano
e) ser humano – organismo social – educação positiva – disciplina

4. Assinale as alternativas corretas em relação ao texto que segue:

Assim, a religião da humanidade não é ateísta, pois professa a crença em um ser supremo abstrato, mas real: a humanidade personificada, a deusa do positivismo, que representa o conjunto convergente de todas as gerações, passadas, presentes e futuras que já contribuíram, que ainda contribuem e que irão contribuir para o crescimento, aperfeiçoamento e desenvolvimento humano. É uma religião completa porque tem um culto elaborado, doutrinas, dogmas e regime fundamentados nos ensinamentos éticos de sua amada Clotilde de Vaux: "Viver às claras" e "Viver para outrem".

a) Na região positiva, o conjunto de todas as gerações representa a humanidade.
b) A religião da humanidade não é ateísta, pois professa a crença na humanidade personificada como um ser supremo abstrato, mas real.
c) Mesmo fundamentada em ensinamentos éticos e tendo um culto elaborado, a religião da humanidade não pode ser considerada uma religião completa.
d) Para o positivismo comteano, "Viver às claras " e "Viver para outrem" são preceitos éticos, mas não religiosos.
e) Mesmo tendo doutrinas, dogmas e regime fundamentados em ensinamentos éticos, a religião da humanidade não pode ser considerada uma religião por ser ateísta.

5. Analise as informações a seguir:

I) A Proclamação da República pode ser considerada o auge do positivismo no Brasil porque, além de fundamentar esse ato político, ainda um grande número de positivistas assumiram relevantes cargos no novo governo, a exemplo de Benjamin Constant, que foi nomeado ministro da Guerra.

II) A mais polêmica das influências positivistas que se refletem nas medidas tomadas para a organização formal da República, porque suscitou divergências, foi a criação da bandeira republicana.

III) Um ano após a Proclamação da República, reunida a Assembleia Constituinte, os positivistas conseguiram novas conquistas, como: liberdades religiosa e profissional; proibição do anonimato na imprensa; extinção de medidas anticlericais; e ainda a reforma da educação nos moldes comteanos (proposta por Benjamin Constant, que assumira o ministério da Instrução Pública), o que se constituiu em um valioso elemento para a divulgação e expansão das ideias positivistas.

IV) Castilhos tornou o Rio Grande do Sul o centro do positivismo no Brasil e, com base nesses princípios, durante quase 40 anos, os castilhistas ficaram no poder no estado gaúcho.

V) Nos dias atuais, podemos encontrar muitas das instituições positivistas trazidas com a República e que ainda organizam nossa sociedade, por meio das quais podemos resumir a influência do positivismo no Brasil: a Constituição Federal; as Constituições Estaduais; a liberdade religiosa com a separação entre Estado e Igreja; as liberdades de imprensa, de cátedra, de profissão, de reunião, de greve; a proteção aos silvícolas; a condenação às discriminações; o espírito de solidariedade; a reforma na educação, entre tantas outras.

Assinale a alternativa correta:
a) As alternativas I, III e V estão corretas.
b) As alternativas II e IV estão incorretas.
c) Somente a alternativa c está incorreta.
d) Todas as alternativas estão corretas.
e) Nenhuma das alternativas está correta.

Atividades de aprendizagem

1. Analise a lei dos três estados de Comte e faça uma correspondência entre ela e o ser humano.

2. Por que Comte é considerado o pai da sociologia?

3. Verifique se em sua cidade existe um templo positivista ou templo da humanidade; caso não haja, pesquise na internet a fim de localizar um templo como esse. Em qualquer dos dois casos, entre em contato com um responsável, faça um levantamento dos seguintes dados:
   - quais seus fundamentos;
   - desde quando existe;
   - como funciona;
   - quantos são os membros frequentadores;
   - que atividades praticam;
   - o que é necessário para se filiar;
   - outras informações que julgar importantes.

4. Visite um antigo cemitério e, passeando por suas ruas, busque identificar nos túmulos alguma influência do positivismo na morte.

5. Disserte, brevemente, sobre a importância dos heróis para a moral positivista.

6. Explique como o positivismo influenciou a Proclamação da República.

7. Consulte o texto deste capítulo e localize quem fez as declarações a seguir e em que contexto foram ditas as seguintes frases: "República no Brasil é coisa impossível porque será uma verdadeira desgraça. Os brasileiros estão e estarão muito mal educados para republicanos. O único sustentáculo do nosso Brasil é a monarquia. Se mal com ela, pior sem ela"; "Não te metas em questões republicanas, porque República no Brasil e desgraça completa é a mesma coisa; os brasileiros nunca se prepararão para isso, porque sempre lhes faltarão educação e respeito".

5

Escola do Recife

Neste capítulo, abordaremos a Escola do Recife, destacando a influência que ela recebeu de pensadores europeus, especificamente de Kant, os seus principais integrantes, em especial Tobias Barreto e Sílvio Romero, suas ideias e suas contribuições para o desenvolvimento da filosofia no Brasil. Por fim, examinaremos motivos que levaram a Escola à estagnação e ao declínio definitivo desse grupo de pensadores no desenvolvimento de uma filosofia genuinamente brasileira.

5.1
As influências da Escola do Recife

Nos séculos XIX e XX, o Brasil sofreu um processo de modificação no plano das ideias filosóficas que pode ser entendido como o "processo de início de universalização de ideias e de filosofia" (Tobias, 1987, p. 126). Vários fatores contribuíram significativamente para essa tomada de consciência, tais como a Guerra do Paraguai, que, "além de fazer o brasileiro sentir pela primeira vez o que é deveras uma guerra, deu-lhe o sabor da vitória" (Tobias, 1987, p. 126); a abertura dos portos, em 1808, às nações amigas; a abolição da escravatura; o fim do regime monárquico, que deu lugar à república; as primeiras instituições dedicadas à pesquisa, entre outros marcos. Conforme Costa (1960, p. 57),

[Esses] acontecimentos políticos e sociais também tiveram importância na transformação da paisagem intelectual do Brasil, como foram as consequências das guerra do Paraguai, a repercussão da guerra de secessão nos Estados Unidos da América, a aventura de Maximiliano no México, a queda do Império de Napoleão III e a instalação da 3ª República da França. Tudo isso – e principalmente a Abolição – contribuiu para a queda da monarquia no Brasil, onde ela fora sempre uma planta exótica. O declínio do regime imperial, a lenta infiltração e propaganda de ideias novas contribuiu para o progresso de consciência, para uma mais adequada colocação do Brasil nas condições de vida Americana.

Em grande parte, as ideias que ecoam na República são as mesmas do Império, pois,

No Brasil, depois de quatro séculos, pouco existia de ensino da Filosofia e praticamente nada de filosofia da Educação; nenhuma Faculdade de Filosofia, nenhum curso de filosofia, nenhuma Faculdade de Educação ou curso de Pedagogia; no ensino superior, nem sequer uma cadeira de filosofia, oficialmente estabelecida. Ora, educação destituída de todo ensino de Filosofia da Educação gera povo que não forma pensadores e nem educadores. Constitui terra de autodidatas no que de mais vital e importante existe: as ideias, a educação e consequentemente suas mais profundas e transcendentais realizações; é ensino sem base científica, fundamentado no empirismo, na tradição, na imitação despersonalizante do estrangeiro, na "macaqueação" educacional, conforme numerosas denúncias de pensadores nacionais e estrangeiros. (Tobias, 1987, p. 127)

O sistema educacional brasileiro estava impregnado da literatura portuguesa transmitida pelos jesuítas e do cientificismo do Marquês de Pombal. Não havia nenhum curso de filosofia. Passou-se do **mito do padre** ao **mito do doutor formado em direito**. Isso explica o fato de, no final do século XIX, só existirem duas faculdades de Direito: a de São Paulo e a de Recife. Até então, não havia novidades na filosofia no Brasil, a não ser inconformismo. Entretanto, a partir da década de 1870, os intelectuais passam a adotar uma posição crítica, publicam obras e a "filosofia eclética, que reinava no plano teórico sem que lhe contestassem os direitos, sofre, de todas as partes, um ataque frontal", como explica Paim (1987, p. 377). Afirma ainda o autor que "de tudo isto resulta um novo alento para a vida intelectual no país. O grande número de agitadores das novas ideias leva ao descrédito a filosofia oficial e lança as bases para a estruturação de novas correntes nos decênios seguintes" (Paim, 1987a, p. 377).

As novas gerações participam dessa nova corrente filosófica que rapidamente ocupou o lugar da filosofia que até então era soberana: foi "uma sacudidela vigorosa e oportuna no rotinismo intelectual dominante na província; um abalo saudável no marasmo que realmente deve ter existido entre os professores do tempo e nos métodos de pensar e estudar até então mais assentes" (Crippa, 1978a, p. 83).

A **influência de pensadores alemães** foi de fundamental importância na formação da história das ideias no Brasil. Herdamos de Kant a negação da metafísica, de Comte o naturalismo-materialista e de Lamarck e Darwin o evolucionismo. "Deste modo, de 1862 a 1914, segundo Clóvis Beviláqua, nasceu e desenvolveu-se a Escola do Recife, caracterizada pelo materialismo evolucionista e representada por Sílvio Romero, Tobias Barreto e Clóvis Beviláqua" (Tobias, 1987, p. 129). Outros pensadores também tiveram papel relevante na história dessa escola. Entre eles, podemos destacar Artur Orlando (1858-1916), Fausto Cardoso (1864-1906) e Alcides Bezerra (1891-1938), entre outros.

A admiração pela filosofia alemã, o combate à escolástica, bem como a metafísica e as novas descobertas das ciências experimentais, são fatores que contribuíram para a expansão da Escola do Recife.

5.2
Tobias Barreto (1839-1889)

Tobias Barreto, um dos principais integrantes da Escola do Recife, afirmou com veemência em seus escritos que tudo o que fora produzido em filosofia até Kant "não passou de um sonho estéril de falsidades e servilismo intelectual" (Tobias, 1987, p. 129).

É possível distinguirmos duas fases na contribuição filosófica de Barreto. A primeira é a **crítica ao espiritualismo** vigente na época e a segunda são os **esforços para reestruturar a metafísica**. "O forte do pensador sergipano era entretanto a polêmica, a demolição. Faltaram-lhe serenidade, equilíbrio e paciência [...] para levar a bom termo a tarefa a que se propunha" (Paim, 1987, p. 387).

Biografia

Sergipano, descendente de família humilde, foi professor de latim e só conseguiu ingressar na faculdade aos 25 anos. Foi também nesse período que surgiu o seu interesse pela filosofia. O autor aderiu inicialmente ao ecletismo espiritualista, depois se interessou pelo comtismo e, por fim, descobriu a filosofia alemã, além de ter estudado Haeckel. "Bacharel em direito e professor da faculdade de Direito do Recife, [Barreto] aparece no cenário intelectual brasileiro com a característica da veemência. Desde a vida particular, até a atividade de professor universitário, de poeta e de filósofo, nada há ordenado ou moderado nele" (Machado, 1976, p. 56).

A origem dessa visão negativa de Tobias Barreto em relação ao meio em que foi criado estava na convivência conflituosa que desde cedo teve de travar com a sociedade: "mulato, pobre, feio, pretensioso, pertinaz, agressivo. E, além do mais, poeta" (Crippa, 1978a, p. 84). Por causa de sua criticidade, inconformismo e luta por mudanças no cenário intelectual e cultural, o filósofo nunca foi bem quisto pela elite dominante e acabou levando uma vida de privações que o deixou na miséria. Entretanto, "lograria sobreviver mesmo no ambiente adverso formado após a consolidação da República, em fase de ascensão do positivismo" (Paim, 1987, p. 388).

No início da década de 1870, Tobias Barreto e a sociedade de um modo geral estavam insatisfeitos com o ecletismo espiritual, a monarquia, a escravidão e a falta de uma filosofia propriamente dita brasileira. Em substituição ao "espiritualismo e ao primado da cultura livresca, o cientificismo presente à cultura de Comte teve o mérito de chamar a atenção para as ciências naturais e a investigação experimental" (Paim, 1987, p. 390).

O sistema positivista de Comte teve grande aceitação entre a maior parte da intelectualidade brasileira. Com a minoria que não apoiou o positivismo estava Tobias Barreto. Ao tratar da problemática do conhecimento, o autor toma Kant como base. No ensaio *Recordação de Kant*, afirma Barreto (citado por Paim, 1987, p. 395):

> *Os positivistas não querem compreender que uma coisa é a metafísica dogmática, que converte sonhos em realidade,* QUE FECHA OS OLHOS PARA MELHOR VER, *que desdenha da experiência, quando esta vai de encontro aos seus oráculos, e outra coisa é a metafísica reservada e consciente, que há de sempre existir, se não como ciência, como disposição natural e inerradicável do espírito".*

A metafísica defendida por Tobias Barreto tem na sua gênese o questionamento "O que posso eu saber?" (Paim, 1987, p. 395). Esse questionamento propicia a busca constante do espírito por respostas razoáveis para melhor compreender a realidade e as abstrações que dela podem ser retiradas. Isso em si justificaria a necessidade de buscar o conhecimento tendo como base a metafísica.

5.3
Sílvio Romero (1851-1914)

Esse pensador teve fundamental importância na história da Escola do Recife, pois nutria em seu espírito a incansável tarefa de estudar, interpretar e compreender as ideias existentes no Brasil de sua época. Seu primeiro contato com Tobias Barreto foi em 1868 na Faculdade de Direito de Recife, onde ingressou aos 17 anos. Aluno de Barreto, sempre foi empenhado na árdua luta pela construção de uma filosofia genuinamente brasileira.

Assim como seu professor, Sílvio Romero também proclama o fim da metafísica* quando da defesa de sua tese de doutoramento pela Faculdade de Direito de Recife.

Entre suas obras, destaca-se a *Filosofia no Brasil* (1878), na qual faz uma análise sobre dez autores brasileiros**, a quem, geral, faz críticas. Sua obra é mais uma reação (contra esses autores) que uma análise crítica.

5.4
O auge da Escola

A *característica da* polêmica é muito evidente em Tobias Barreto, bem como em Sílvio Romero. *Grosso modo*, podemos atribuí-la a dois fatores: "o temperamento em parte, a necessidade de abrir 'caminho' em face da resistência dos círculos *bien pensantes* às propaladas novas 'ideias'" (Crippa, 1978a, p. 100).

A polêmica extremada, por mais que às vezes imperceptível aos próprios autores, foi uma tentativa de abrir novos horizontes para uma nova educação, que estava então impregnada de ideias ultrapassadas

---

* "[...] a metafísica não existe. 'Não sabia', diz Dr. Coelho Roiz, membro da banca examinadora. E o examinado de imediato acrescenta: 'Pois vá estudar e aprender para saber que a metafísica está morta' – Foi o Sr. que a matou, pergunta-lhe então o Sr. Dr. Coelho Roiz – 'Foi o progresso, foi a civilização', responde-lhe o Bacharel Sílvio Romero, que, ato contínuo, ergue-se, toma um dos livros, que estão sobre a mesa – diz – 'Não estou para aturar esta corja de ignorantes, que não sabe nada'. E retira-se vociferando por esta sala afora [...]". (Tobias, 1987, p. 130). Ainda Romero, citado por Paim (1987, p. 410): "A metafísica, que foi dada por morta em 1875, era a metafísica dogmática, ontológica, apriorística, inatista, meramente racionalista, a metafísica do velho estilo, feita à *parte mentis*, a pretensa ciência intuitiva do absoluto, palácio de quimeras fundado em hipóteses transcendentes, construindo dedutivamente de princípios, imaginados como superiores a toda verificação".

** Cf. Machado (1976, p. 60).

vigentes desde a colonização. Porém, esse esforço para instalar uma nova visão sobre a realidade muitas vezes era levado ao extremo e para o lado pessoal, chegando a ser classificado como "aquela espécie de socratismo tosco e paradoxal, consistente em considerar a verdade como fruto de ter lido muito, e o ter lido muito como propriedade que cada qual se arrogava. Um socratismo com emperrada maiêutica e deformada ironia" (Crippa, 1978a, p. 101).

Ainda que polêmicos, Tobias Barreto e Sílvio Romero eram incansáveis em procurar possíveis soluções para os problemas que afetavam a filosofia no Brasil. "O positivismo, ou era a maior filosofia de todos os tempos, ou então uma ridícula confusão de conceitos. O evolucionismo tinha de ser completamente medíocre e superficial, ou seria a definitiva solução das dúvidas do espírito humano" (Crippa, 1978a, p. 101).

O ambiente conflituoso em que estavam inseridos e o temperamento nervoso dos autores muitas vezes influenciavam seus escritos, ao deixarem de lado a crítica e a busca pela verdade para privilegiar ataques pessoais endereçados aos seus adversários.

"Nenhum dos líderes, nenhum dos fundadores e personalidades da Escola do Recife tinham cursado filosofia" (Tobias, 1987, p. 128). Juntem-se a isso o inconformismo com o pensamento vigente na época e as dificuldades em construir uma filosofia brasileira e temos os fatores que contribuíram para que a Escola do Recife tivesse como uma das características um pensamento radical.

A Escola do Recife atingiu seu apogeu na década de 1880. Nessa época, havia uma grande produção intelectual por parte dos integrantes da Escola, com destaque para Tobias Barreto, Sílvio Romero, Clóvis Beviláqua e Artur Orlando. Tendo a filosofia no centro de suas ocupações, eles encontraram nos meios intelectuais grande aceitação, principalmente nas Faculdades de Direito do Nordeste (Ceará e Bahia). "É na década de 80, sobretudo, que a aglutinação do grupo se faz mais sensível: são os últimos anos de vida de Tobias, morto aos 50 anos em 1889, e são o começo da ascensão definitiva de Sílvio Romero, cuja carreira foi até 1914" (Crippa, 1978a, p. 103).

Apesar de muitos críticos alegarem que faltava coesão doutrinária ao grupo, que os fundadores eram autodidatas e que as novas ideias eram apenas inconformismos com a situação vigente, é perceptível que houve coesão do grupo, entre seus fundadores e seus seguidores. "O certo é que a Escola existiu como Escola, e como tal foi vista em seus dias" (Crippa, 1978a, p. 103).

Encontramos como traços característicos das ideias do grupo o evolucionismo, o naturalismo e o monismo. A tentativa de restaurar a metafísica, "a diversidade de campos a que se dedicaram – Filosofia, Direito, Sociologia, Literatura, etc." (Crippa, 1978a, p. 102), as atividades políticas a que se dedicou Tobias Barreto e o jornalismo exercido por Sílvio Romero são fatores que contribuíram para fomentar críticas da parte de opositores. Por isso também alguns assuntos não foram devidamente aprofundados, sendo elaborados apenas como ensaios temáticos. Assim, por exemplo, Tobias Barreto, apesar de seu curto período de vida e do vasto campo de atividades a que se dedicou, foi "feliz e valioso por certo e digno de registro e estudo, mas breve e não continuado, não aprofundado, dentro de um itinerário basicamente **naturalista**" (Crippa, 1978a, p. 108, grifo do original), ao que o autor acrescenta ainda: "a adesão a uma filosofia como o monismo representou como intenção, como atitude, um passo renovador: um gesto de combate às rotinices intelectuais" (Crippa, 1978a, p. 108, grifo do original).

A atividade filosófica era visível em todos, tendo alguns maior destaque que outros. No entanto, as preocupações com o país desde cedo interferiram na linha de pensamento dos membros da Escola. "Podemos interpretar o fato, de certa maneira, como um desejo de **atuação social**, um desejo que vale talvez rotular como iluminista, no sentido de entender o pensamento e a ciência como instrumentos de progresso" (Crippa, 1978a, p. 108, grifo do original).

As obras *Política brasileira*, de Tobias, e *Doutrina contra doutrina*, de Sílvio Romero, são visões excepcionais sobre a realidade: são críticas sobre o sistema político que retratam a pura realidade.

> Sob certo aspecto, o que eles adotaram como visão política foi algo fundado nos melhores valores que o século dezenove formulou: evolução, progresso, liberdade, justiça, direito, paz, razão. Valores, aliás, valha o registro, que o século vinte se encarregaria de com tanta eficiência negar e destruir. (Crippa, 1978a, p. 109)

5.5
O declínio da Escola

No século XX, é notório o afastamento da filosofia por parte dos filósofos brasileiros, que se dedicam a outras áreas, como foi o caso de Sílvio Romero, que direcionou suas investigações para o campo sociológico, de Artur Orlando, que passou a atuar no jornalismo e na política, e de Clóvis Beviláqua, trilhando caminhos no direito. Essa mudança de foco investigativo contribuiu definitivamente para a estagnação e o declínio da Escola do Recife.

Já os seguidores do mestre Tobias Barreto, em vez de desenvolverem a filosofia no âmbito epistemológico, por exemplo, continuaram a afirmar seu caráter sintético, ou seja, que a filosofia era a síntese da ciência. Clóvis Beviláqua (1859-1944) afirmou que, se a filosofia não é uma ciência, então ela é uma síntese de todas as ciências e que é mais profunda do que todas elas juntas. "Do mesmo modo que Sílvio Romero, também Clóvis Beviláqua não se disporia a abdicar do entendimento da filosofia como síntese da ciência" (Paim, 1987, p. 411). Já "Artur

Orlando abdicaria de desenvolver as premissas da epistemologia, que, como vimos, contrapunha frontalmente às filosofias sintéticas" (Paim, 1987, p. 412). Esse autor tentou resolver a problemática de matéria *versus* espírito e concluiu que o espírito e a matéria são uma substância única que tem origem e fim no éter.

Entre as várias temáticas elaboradas por Tobias Barreto, "apenas uma seria explorada devidamente, talvez aquela que menos se ajustasse à sua maneira de ser. Temos em vista a obra de Farias Brito, que conduziu ao espiritualismo as indisposições do mestre em relação ao positivismo" (Paim, 1987, p. 413).

O caráter filosófico de investigação da cultura, tão enfatizado pelo mestre da Escola do Recife, foi sendo deixado de lado por Artur Orlando e Sílvio Romero. A consequência disso é que, "ao invés de constituir nova esfera aberta à inquirição metafísica, a cultura será objeto de descrições sociológicas sempre mais circunstanciadas e abrangentes" (Paim, 1987, p. 413).

Uma das consequências disso foi que a Escola do Recife se viu impedida de acompanhar

> o debate filosófico que então se travou na Alemanha, alimentado, sobretudo, pelo Neokantismo e no curso do qual emergira a fenomenologia [...] surgiam naquele momento algumas das correntes de filosofia que iriam configurar o novo século. E, neste momento preciso, interrompe-se o contato estreito com a filosofia alemã que Tobias Barreto lograra estabelecer. (Paim, 1987, p. 413)

Em meio a esse declínio, Alcides Bezerra (1891-1938) obteve êxito em introduzir "a moral como centro da vida social, como queria Tobias Barreto" (Paim, 1987, p. 413).

Apesar de, no início do século XX, alguns esforços terem sido realizados para reavivar a Escola do Recife e trazer à tona seu debate filosófico, já estava em voga na época a ideia de que a ciência resolveria todos os problemas vigentes, sendo desnecessário levar certas discussões ao extremo, como no auge da Escola. Não bastasse isso, existiu outro fato de fundamental contribuição para o declínio definitivo da Escola do Recife: o positivismo. "A força dessa corrente consistiu em que o pensamento político de Comte foi apropriado por uma facção ascendente ao longo da República" (Paim, 1987, p. 415). Se o ambiente não era mais propício ao cientificismo que pretendera Tobias Barreto, por outro lado, era favorável ao espiritualismo de Farias Brito, que na época se encontrava em renovação na França.

Síntese

Vimos neste capítulo que a Escola do Recife recebeu forte influência do pensamento kantiano e que os principais representantes da Escola foram Tobias Barreto, Sílvio Romero, Clóvis Beviláqua e Artur Orlando. Observamos também que esses filósofos eram um tanto quanto radicais na defesa de suas ideias, prejudicando até mesmo o desenvolvimento da filosofia e de suas posições específicas, fator que contribuiu decisivamente para o enfraquecimento e o abandono das ideias defendidas pela Escola do Recife e para a busca de novas frentes investigativas, tais como a política e a sociologia.

Indicações culturais

Livros

PAIM, A. **A filosofia da Escola do Recife**. 2. ed. São Paulo: Convívio, 1981.

ROMERO, S. **Doutrina contra doutrina**: o evolucionismo e o positivismo no Brasil. 2. ed. Rio de Janeiro: Livraria Clássica de Alves e Cia., 1895.

BEVILÁQUA, C. **História da Faculdade de Direito do Recife**. 2. ed. Brasília: INL; Conselho Federal de Cultura, 1977.

Atividades de autoavaliação

1. Analise as proposições a seguir e assinale V (verdadeiro) ou F (falso):

    (   ) A Escola do Recife se inspirou na filosofia alemã e se caracterizou pelo combate à escolástica e a metafísica. Além disso, as novas descobertas das ciências experimentais também contribuíram para a expansão da Escola do Recife.

149

( ) O Brasil sempre se caracterizou pela tradição filosófica e de forma mais intensa durante o período denominado *Escola do Recife*, em que os filósofos passaram a defender e a investigar a metafísica.

( ) Uma das principais características da Escola do Recife foi a negação da filosofia alemã, especialmente a filosofia de Kant.

( ) Os filósofos da Escola do Recife em vários momentos se mostraram agressivos em suas posturas e na defesa de suas ideias. Tal fator contribuiu negativamente para que a Escola viesse a desenvolver de forma mais consistente as ideias por eles defendidas.

2. Com relação à realidade do pensamento filosófico vigente no Brasil na época da Escola do Recife, é correto afirmar:

a) Havia no Brasil uma segmentação filosófica, ainda que com raízes europeias, que evidenciava todo o resultado da investigação filosófica construída nas universidades e faculdades de filosofia brasileiras.

b) O pensamento predominante seguia as tendências do positivismo, do materialismo e do monismo, tendo como finalidade última a defesa da metafísica.

c) No Brasil, pouco havia de ensino de filosofia, nada de filosofia da educação, nenhuma faculdade, nenhum curso de filosofia, ou seja, o Brasil era quase que totalmente desprovido de um ensino que viesse a estimular o estudante a pensar.

d) A monarquia brasileira, em vários momentos, fomentou o desenvolvimento da filosofia, estimulando os filósofos a pensar e buscar subsídios para suas investigações em obras originais.

3. Quanto ao sistema de ensino brasileiro contemporâneo e à Escola do Recife, é pertinente afirmar:

a) A educação brasileira estava impregnada da literatura portuguesa trazida e passada pelos jesuítas e do cientificismo de Pombal.

b) A rejeição da filosofia alemã foi decisiva para a construção da autonomia do pensamento brasileiro e para o fortalecimento da Escola do Recife como escola filosófica.

c) O sistema educacional brasileiro teve grande influência da metafísica de Darwin, do evolucionismo de Kant e do naturalismo-materialista de Lamarck.

d) A Escola do Recife teve como contribuição maior para o sistema educacional e filosófico brasileiro o fortalecimento e a consolidação da defesa da escolástica e dos ideais cientificistas adotados pela política oficial do governo.

4. Tobias Barreto é visto como um dos principais representantes e intelectuais da Escola do Recife. Quanto ao seu pensamento e contribuição à filosofia, é correto afirmar:

a) Defendeu com veemência a necessidade da busca por autonomia intelectual com base nos valores da educação cristã, por julgar que ela era a mais consistente e que trazia as respostas para a necessidade da época.

b) Foi um grande opositor de Kant, pois afirmava que tudo o que poderia ser investigado e pensado no âmbito filosófico acontecera até Kant e que o filósofo alemão estaria somente repetindo o que os outros filósofos já haviam afirmado.

c) Tobias Barreto era pacifista, pois sempre defendeu a ordem social, sendo simpatizante das elites da época e reconhecendo que elas tinham as melhores concepções sobre a sociedade.

d) A contribuição de Tobias Barreto pode ser entendida com base em dois momentos: o primeiro se deu com a crítica ao espiritualismo e o segundo com os esforços para reestruturar a metafísica, além de se caracterizar pela demolição e pelas críticas agressivas à filosofia anterior a Kant e à forma como a sociedade brasileira era conduzida.

5. Analise as proposições a seguir e assinale a alternativa **incorreta** em relação à Escola do Recife:

a) Representou uma "sacudida" na forma de pensar vigente, pois se caracterizou como uma escola oposta às formas instituídas do pensamento brasileiro, servindo de alento para o surgimento de novas formas de pensar.

b) Os principais representantes da Escola do Recife foram Tobias Barreto, Sílvio Romero, Clóvis Beviláqua e Artur Orlando.

c) A atividade filosófica era visível em todos, tendo alguns maior destaque que outros. No entanto, as preocupações com o país desde cedo interferiram na linha de raciocínio dos pensadores.

d) A Escola do Recife se caracterizou especificamente por aderir à política e à filosofia do governo oficial, adaptando-se aos valores da religião católica. Assim, a filosofia no Brasil e a Escola do Recife eram mais uma teologia que propriamente uma forma de pensamento reflexivo.

Atividades de aprendizagem

1. Em relação ao surgimento da Escola do Recife, resgate os fatores históricos que contribuíram para essa tomada de consciência e quais foram seus principais integrantes.

2. Em linhas gerais, caracterize a Escola do Recife no tocante às ideologias que permearam os trabalhos de seus integrantes.

3. Destaque, com base no texto, os fatores que levaram a Escola do Recife à estagnação e consequente decadência.

O marxismo no Brasil e a influência no pensamento político

Veremos neste capítulo a influência da filosofia marxista no desenvolvimento filosófico do Brasil e como essa filosofia serviu de inspiração para os movimentos políticos de natureza socialista. Também abordaremos alguns pensadores brasileiros, como Caio Prado Júnior, destacando sua atuação política e filosófica com base no pensamento marxista para o desenvolvimento e entendimento das questões filosóficas, políticas e sociais do Brasil. Examinaremos ainda alguns aspectos da filosofia de Álvaro Borges Vieira Pinto e algumas ideias sobre a consciência nacional à luz das ideias marxistas.

6.1
O marxismo no Brasil

O Brasil, como muitos outros países, sofreu duros golpes econômicos, políticos e ideológicos ao longo de sua história, os quais podem ser lidos à luz do pensamento marxista. As ideias da corrente filosófica marxista propõem leituras que ajudam a entender melhor a complexidade do sistema de classes. Alguns talvez estranhem a colocação proposital das leituras mencionadas ao nos referirmos marxismo. De acordo com Severino, "a presença do marxismo no contexto filosófico-cultural brasileiro é marcada pelo posicionamento próprio de três grandes formas que se tem de abordá-lo" (Severino, 1997, p. 168-169). Assim, temos: os **marxistas**, que assumem um posicionamento radical e supostamente fiel ao original proposto por Karl Marx; os **marxianos**, com característica voltada para o revisionismo*; e os **marxólogos**, que são analistas profissionais que utilizam os instrumentais da leitura marxista.

Sabemos que as nações comunistas, tanto a extinta União Soviética quanto alguns países atuais, como Cuba e China, apropriaram-se do pensamento marxista para dirigir a economia, a política e a ideologia de seus governos. Com base nisso, poderíamos nos interrogar sobre o grau de influência que a filosofia materialista exerceu no pensamento brasileiro, haja vista que na história do Brasil não houve um regime comunista à frente do governo. É bem verdade que os adeptos do marxismo no Brasil não têm presença marcante em comparação

---

* Os revisionistas ou heterodoxos marxistas apresentam a linha mais liberal do marxismo (cf. Zilles, 1987, p. 88-114).

aos países comunistas. Segundo Luiz Vita*, "inexiste no Brasil uma tradição de estudos marxistas, porquanto a subestimação da teoria é uma decorrência do sectarismo e do praticismo dos seguidores do marxismo no País" (Vita, 1969, p. 123). Entretanto, se olharmos para alguns movimentos no cenário nacional, sejam eles partidários políticos, sejam apenas analistas sociais, constataremos certa relevância.

Em relação a dados históricos, a primeira referência ao marxismo, feita por Tobias Barreto, ocorreu em uma colação de grau dos bacharéis da Faculdade de Direito do Recife, no ano de 1883. Destacamos o seguinte trecho do discurso da formatura: "Karl Marx diz uma bela verdade, quando afirma que cada período tem as suas próprias leis... Logo que a vida atravessa um dado período evolutivo, logo que passa de um estágio a outro, ela começa também a ser dirigida por leis diferentes" (Barreto, 1883, p. 217).

O pensamento marxista não se restringe apenas a um discurso realizado pela ocasião da formatura desse grupo da Faculdade de Direito; ganhou espaço também na mente do literário Euclides da Cunha, que aderiu aos ideais materialistas. Para Rui Facó, autor de *A evolução do pensamento de Euclides da Cunha*, o escritor era "um eclético, sem ir adiante daquela breve e lúcida explanação sobre Marx" (Facó, 1959, p. 164-165). É interessante observarmos, pela perspectiva de Facó, que Euclides buscava superar o anarquismo convencional de sua época, fato curioso que se deve à própria proposta anarquista do marxismo. No ano de 1901, foi

---

* Luiz Washington Vita (1921-1968) foi um historiador da filosofia do Brasil. Fez parte do secretariado da *Revista Brasileira de Filosofia*, na qual publicou inúmeros artigos. Ele cursou a Escola de Biblioteconomia e seguiu o curso de pós-graduação da Escola Livre de Sociologia. Bacharelou-se e licenciou-se em Filosofia pela Faculdade de Filosofia, Ciências e Letras da Universidade de São Paulo. Formou-se em Direito pela Universidade do Estado do Rio de Janeiro, obtendo o grau de doutor nessa especialidade pela Universidade de São Paulo (Jaime, 2000, p. 266).

inaugurado por Euclides, com alguns amigos na cidade de São José do Rio Pardo, "uma associação operária que teve um nome idílico – 'Club Internacional Filhos do Trabalho'" (Chacon, 1978, p. 76). Em 1º de maio, foi divulgado um manifesto por esse clube, provavelmente elaborado por Euclides, contendo os fundamentos socialistas defendidos pela Internacional. Contudo, tratava-se nesse caso mais de um movimento orientado pela simpatia a Karl Marx do que um movimento composto de marxistas propriamente ditos.

Vamireh Chacon (1978, p. 77) considera que o primeiro marxista brasileiro foi "o médico sergipano Silvério Fontes, radicado em Santos e pai do poeta Martins Fontes". Inicialmente, **Silvério Fontes** fez a opção pela corrente positivista que fora adotada por muitos como o único caminho para o conhecimento científico seguro. Posteriormente, optou por uma junção das leituras positivista e marxista, as quais ofereciam instrumentos de navegação em tempos anárquicos, frequentemente observáveis na época. Com base na iniciativa de Silvério, ocorreu uma movimentação de positivistas que se dirigiam para o eixo marxista, motivados pelo fracasso da República e por interesses pessoais: "Na perspectiva deste 'humanismo científico', a especificidade dos processos culturais fica ameaçada pelos determinismos naturais e pelo mecanismo das infraestruturas sobretudo econômicas, dentro de visível linha marxista" (Lima Vaz, 1973, p. 358). Era inevitável a confusão das propostas positivistas com as marxistas, tendo por base que o próprio Karl Marx da maturidade assume sua tendência darwinista.

A repulsa positivista pelos ideais hegelianos se aproximou do determinismo materialista marxista. Não seria de se estranhar que toda essa identificação não gerasse atritos nos fundamentos filosóficos de ambos os pensamentos, afinal, como negar a dialética hegeliana presente na filosofia de Karl Marx? Então ocorreu um erro fatal: "Os nossos comtistas tupiniquins – deslumbrados por Darwin e ignorando o Hegel também implícito em Marx, coexistindo ou conflitando-se em fases diversas – terminaram tomando a nuvem por Juno, dentro do Marxismo" (Chacon, 1978, p. 78). O autor Urbano Zilles (1987, p. 85) assegurou que "Marx assumiu de Hegel não só a dialética, mas também o sentido histórico e o caráter totalitário de seu sistema".

Esses contratempos filosóficos cederam lugar a um mecanismo metodológico marxista que foi inaugurado por **Caio Prado Júnior**. O pensamento materialista de Marx exigia uma aplicação prática na história para, assim, promover a revolução em favor do proletariado. Prado Júnior procurou transportar a teoria marxista com finalidade prática para a história. Os problemas concretos ocasionados ao longo da existência humana foram motivados pelas disputas de classes. A conquista dessa metodologia se destacou na pesquisa prática. Caio Prado Júnior publicou, no mesmo ano do lançamento do livro *Casa grande e senzala*, a obra *Evolução política do Brasil*, em 1933. Com isso, ele inaugurou uma perspectiva crítica sobre a leitura monolítica da totalidade social promovida na gestação do regime oligárquico "da recém-derrubada República Velha: com as interpretações de Caio Prado Júnior, as classes emergem pela primeira vez nos horizontes de explicação da realidade social brasileira – enquanto categoria analítica" (Motta, 1975, p. 475-476).

As **repercussões do comunismo internacional** tiveram sinais na conjuntura nacional, em especial a vitória do marxismo-leninismo de 1917 na Rússia. Esse triunfo comunista provocou, em meados de 1920, consequências no movimento operário brasileiro. As transformações que ocorriam em prol dos princípios materialistas repercutiram no campo social e foram capazes de conscientizar as classes desfavorecidas. Nesse sentido,

os acontecimentos na Rússia primeiro confundiram os anarquistas brasileiros, pois, fora graças a um partido militarmente organizado que se conseguiu a derrota da burguesia russa, permitindo a instalação da ditadura do proletariado. Assim o conflito entre os representantes da doutrina comunista marxista (Lenine) e da doutrina comunista libertária ou anarquista (Bakunin) cedo apareceu também no Brasil. (Zilles, 1987, p. 115)

No ano de 1922, após muita insistência e confrontos, é fundado o **Partido Comunista Brasileiro (PCB)**, sob a liderança de Astrojildo Pereira. Mas o partido foi declarado ilegal no mês de julho do mesmo ano, em virtude do episódio dos 18 do Forte de Copacabana. Astrojildo acreditava que a filosofia marxista era "a legítima herdeira cultural da filosofia materialista do século XVIII, e herdeira que não apenas recolheu o ilustre legado, mas ainda o acresceu e enriqueceu enormemente". Ele argumentava que o marxismo era o desenvolvimento de um "plano mais alto, mais vasto e mais fecundo, [...] realizando por sua vez uma nova e mais poderosa revolução ideológica, que exprimia e exprime um novo conteúdo de classe" (Pereira, citado por Vita, 1969, p. 123). Apesar de o partido ter permanecido na ilegalidade, foi reconhecido legal novamente em 1927, mas não por muito tempo.

Urbano Zilles mencionou um personagem popular no Brasil de época que fora convocado pelo comitê do PCB: "O comitê central enviou um delegado à Bolívia para entrar em contanto com Luiz Carlos Prestes, uma figura popular no Brasil de então" (Zilles, 1987, p. 116). Em 1931, Prestes, que se encontrava na Bolívia, depois de ter abandonado o Uruguai, onde residia, passou a morar na União Soviética, atendendo a um convite. Enquanto isso, já no ano anterior, começava a se instalar no Brasil uma militância opositora do regime trotskista, que tinha como alvo de suas críticas o governo russo.

Mais tarde, com o golpe militar de 1964, propagou-se um programa anticomunista que buscava acabar com todas as suas expressões marxistas. "Em vista da radicalização política, o golpe militar de 1964 instaurou um anticomunismo generalizado" (Zilles, 1987, p. 116). Contudo, toda essa política contrária fortaleceu o regime comunista, em virtude da grande incoerência de seus perseguidores. Assim, "a inescrupulosa corrupção, e omissão no campo social, favoreceu o comunismo mais que qualquer outro governo anterior" (Zilles, 1987, p. 116). O movimento de repressão sobre o comunismo inibiu muitos teóricos e ativistas, os quais buscaram outros recursos para propagar suas ideias.

Leandro Konder foi um dos grandes críticos marxistas interessado na realidade brasileira, publicando no ano de 1965 a obra *Marxismo e alienação*. Ele conclui que "Marx estava seguro de ter encontrado na alienação econômica a raiz do fenômeno global da alienação". Nesse sentido, Konder está convicto de que a obra de arte "pode ter vários graus de influência política [...] Há obras que são até 'explosivas' de tão políticas" (Konder, citado por Chacon, 1978, p. 83). Com o advento de 1964, acirraram-se os conflitos entre partidários militares e comunistas, forçando, assim, os marxistas a abdicar do discurso aberto e optar por esquemas de denúncia alternativos. Surgiu, então, uma linha marxista voltada para a estética. "Diante das dificuldades políticas por eles enfrentadas, os teóricos marxistas brasileiros preferiram [...] dedicar-se à Estética" (Chacon, 1978, p. 85). Entretanto, Konder não assumiu o conservadorismo estético de Lukács, equilibrando-se com Lucien Goldmann.

Para Konder (1967), o marxismo goldmanniano parte de **História e consciência de classe**, corrigindo a perspectiva, abandonando a tese da identidade total do sujeito e do objeto no conhecimento e repelindo o "luxemburguismo" político da obra. O que os divide, sem saída, é a posição diante do conceito e papel da **avant-garde**, sobre a qual se fica sem saber se deve ser necessariamente realista e de que tipo e modo.

Diante da conjuntura de censura e perseguição administrada pelo governo militar, a proposta materialista ganhava vias por meio de atuações teatrais. O teatro oferecia um recurso importante para atingir o público, já que havia um intenso monitoramento em outros setores das comunicações. A trajetória do teatro brasileiro ganhou muito em criatividade a partir do apogeu da dramaturgia de Martins Pena. O dramaturgo pretendia se concentrar na interpretação perfeita. Assim, tivemos que, sendo "o Realismo a tônica socialista em geral e do Marxismo em particular, os referidos grupos se interessaram muito pelos grandes diretores russos, desde Konstatin Stanislavsky, traduzido em Portugal e no Brasil, a Vsevolod Meyerhold [...]" (Chacon, 1978, p. 86).

Infelizmente, o acesso ao teatro e ao conteúdo por ele promovido ficava restrito às classes médias e altas, por isso muitas vezes não atingia a massa operária, que seria a porção mais diretamente tocada pelo assunto. A cultura brasileira elitizou a arte, distanciando, desse modo, o contato do povo com o teatro, que no passado era uma expressão essencialmente popular.

Iremos agora nos familiarizar um pouco mais com dois dos principais representantes do marxismo na história do Brasil: Caio Prado Júnior e Álvaro Borges Vieira Pinto. Utilizaremos como referência a obra *História da filosofia no Brasil*, de Jorge Jaime (1997, 2000*).

6.2
Caio Prado Júnior

Apesar de não ser considerado por alguns como um pensador marxista (a exemplo de Vamireh Chacon**), não podemos ignorar o papel de Caio Prado Júnior para a **sistematização do marxismo** no Brasil. O autor ficou muito conhecido pela publicação da obra *Dialética do conhecimento*.

Caio Prado Júnior, intelectual de competência filosófica, sociológica e política, nasceu em São Paulo, em 1907. Formou-se na Faculdade de Direito de São Paulo em 1928, continuando com a defesa de sua tese

---

*   Jorge Jaime é professor, fundador e primeiro presidente da Academia Brasileira de Filosofia.
** Cf. Chacon (1978, p. 79).

a respeito das *Diretrizes para uma política ecumênica brasileira* como livre-docente. Seu conhecimento lhe concedeu a cadeira de Economia Política na mesma faculdade em que se formou. Ele concluiu especializações voltadas às áreas de economia, sociologia e história, motivado pelo interesse de entender melhor o contexto nacional.

Ainda jovem, iniciou suas atividades políticas, fazendo parte da fundação do Partido Democrático, que fora de grande prestígio durante os anos de 1920 a 1930. Alguns anos mais tarde, teve contato com a Aliança Nacional Libertadora, chegando à posição de presidente na cidade de São Paulo. O incidente comunista de 1935 acabou resultando negativamente em dois anos de detenção. Isso o levou, no ano de 1937, ao exílio internacional, do qual voltou alguns anos mais tarde. Prado Júnior foi responsável pela fundação da Editora Brasiliense, da Gráfica Urupês e da *Revista Brasiliense*.

Ele é tido como um representante de grande importância para o pensamento marxista ortodoxo na filosofia política do Brasil. Seus apontamentos enriqueceram o conhecimento da história econômica nacional. Com a publicação de *A revolução brasileira*, adquiriu o título de Intelectual do Ano em 1966 e recebeu também o Prêmio Juca Pato. Sua vida deixou marcas importantes para a história do marxismo no Brasil. Veio a falecer com 83 anos, no dia 23 de novembro de 1990.

Obras do autor

De acordo com Jaime (1997), Caio Prado Júnior lançou as seguintes obras, em sua maioria pela própria Editora Brasiliense: *Formação do Brasil contemporâneo* (1942; já na 17ª edição); *Evolução política do Brasil: ensaio de interpretação dialética da história do Brasil* (2. ed., 1947; 12. ed., 1980); *História econômica do Brasil* (2. ed., 1949; 26. ed., 1981); *Dialética do conhecimento* (1952; 6. ed., 1980); *Introdução à lógica dialética* (4. ed., 1979); *O mundo do socialismo* (3. ed., 1967);

Notas introdutórias à lógica dialética (1959); *O que é a liberdade: capitalismo x socialismo* (4. ed., 1981); *Esboço dos fundamentos da teoria econômica* (2. ed., 1960); *História e desenvolvimento* (2. ed., 1978); *O que é filosofia* (1981); *URSS, um novo mundo* (1935; 2. ed., 1978); *A revolução brasileira* (1966; 6. ed., 1978); *Estruturalismo de Lévi-Strauss – Marxismo de Louis Althusser; A questão agrária no Brasil* (1979; 3. ed., 1981); *A agricultura subdesenvolvida* (1969).

Caio Padro Júnior acreditava que, por meio do marxismo, seria possível desenvolver **um socialismo capaz de revolucionar o Brasil**. Entendemos que, para ele, o que parecia ser a antítese do capitalismo passou a ser compreendido como consequência do sistema capitalista, isto é, "o socialismo é a direção na qual marcha o capitalismo" (Jaime, 1997, p. 335). Isso soa estranho quando relembramos os episódios da Guerra Fria, que dividira o planeta em dois blocos: o socialista e o capitalista. Mas, se acolhermos a proposta socialista como um objetivo a ser alcançado, transferiremos para o futuro, sob a responsabilidade de uma metacivilização, o sucesso da humanidade a ser regida por tal sistema econômico. Assim, talvez o ideal socialista seja concretizado de acordo com essa lógica, que indica que esse novo sistema é o sucessor do capitalismo.

Quando nos referimos ao raciocínio marxista, devemos estar atentos à base na qual ele se constrói – o fato de que a herança dessa corrente filosófica é herdeira da dialética hegeliana. O processo de propor uma tese, contrapô-la a uma antítese e por fim elaborar uma síntese sobre o esquema dialético influenciou o marxismo em sua análise social. Pensando nisso, Prado Júnior se dedicou longamente a esclarecer como funciona a lógica dialética do pensamento materialista. Ele chamou atenção para o desafio de se pensar dialeticamente em uma tradição que carrega a filosofia clássica estruturada pela lógica aristotélica. Para tanto, explorou essa abordagem em vários de seus livros, em especial *Dialética do conhecimento.*

Diferentemente de muitos radicais do materialismo, Prado Júnior não acreditava que um conflito armado fosse a solução para o estopim de uma revolução, distintamente de como pretendia "Che Guevara, com sangue, muito sangue" (Jaime, 1997, p. 337). Suas motivações se voltavam, com relação a um processo histórico, a **transformações nos campos econômico, social e político**, as quais, concentradas em determinado espaço de tempo, proporcionariam a equidade das diferentes classes sociais. Assim, são "esses momentos históricos de brusca transição de uma situação econômica, social e política para outra, e as transformações que então se verificaram, é isso que constitui o que propriamente se há de entender por 'revolução'" (Prado Júnior, 1966, p. 2).

Enfim, Prado Júnior afirma que definitivamente iremos incorrer no anseio materialista que resultará "na socialização dos meios de produção, na eliminação da exploração do trabalho humano e na divisão da sociedade em classes antagônicas, bem como nas demais consequências de toda ordem material e moral que daí decorrem" (Prado Júnior, 1966, p. 16).

6.3
Álvaro Borges Vieira Pinto

Já mencionamos as divergências de pensamento que existem dentro do marxismo, resultado dos distintos encaminhamentos que foram dados à filosofia de Karl Marx. Pois bem, enquadramos o autor Álvaro Borges Vieira Pinto em uma **linha moderada**, diferentemente da postura ortodoxa adotada por Caio Prado Júnior.

Nascido no ano de 1909 na cidade de Campos, no Estado do Rio de Janeiro, Álvaro Borges Vieira Pinto dedicou sua vida à problemática social. Graduou-se em Medicina na Universidade do Brasil e ministrou aulas de História da Filosofia na Faculdade Nacional de Filosofia. Há certo estranhamento ao observar que um médico possa lecionar aulas de História da Filosofia. Isso quem sabe possa ser entendido com base no fato de que o mundo da filosofia é apaixonante, podendo seduzir mentes ilustres, das mais variadas áreas do conhecimento, e levá-las a não resistir ao prazer de pensar. A filosofia possibilita isso, pois é a mãe de todas as ciências.

Álvaro Borges detinha uma leitura historicista da realidade, a qual foi evoluindo à medida que passou a ter contato com outros autores, como Fichte e Hegel. Por meio de seus estudos, o autor começou a criar uma consciência social decorrente da influência da dialética materialista. Isso exigiu dele um posicionamento reflexivo sobre temas da sociedade, levando-o ao nível de diretor do Departamento de Filosofia do Instituto Superior de Estudos Brasileiros, criado pelo Ministério da Educação com o objetivo de desenvolver as diretrizes da consciência nacional.

Um dos focos de sua preocupação foi o **papel das universidades no Brasil**. Ele diagnosticou que a sociedade brasileira vivia um período pré-revolucionário, no qual todas as atenções se voltavam para o destino das universidades. Assim, trata-se "de discutir a questão da reforma da universidade na fase pré-revolucionária atualmente vivida pela sociedade brasileira" (Pinto, 1963, p. 13). A força da revolução se concentraria na reação do corpo discente, e não do corpo docente, como se costumava acreditar. A **responsabilidade era transferida para os alunos**, que eram tidos como os sujeitos diretamente interessados pelas transformações, ou seja, "a forma futura da universidade brasileira está sendo decidida neste momento muito mais num comício de camponeses do Nordeste do que nas salas de reunião dos Conselhos de Educação" (Jaime, 1997, p. 392). Isso parece evidente quando olhamos para diferentes realidades das quais emergem esses estudantes. Uma parcela desse grupo surge de contextos sociais desprivilegiados, cujos sujeitos tendem a acreditar que o ensino superior oferecerá os instrumentais necessários para modificar a própria situação.

Entretanto, é preciso superar a cultura que se criou de outorgar os títulos de doutores a uma pequena parcela favorecida pelo sistema, muitos dos quais se eximem de qualquer revolução social. As transformações, ainda que lentas, intensificam-se pelo sinal expressivo do ingresso nas universidades por parte da massa popular. Assim, a nação "começa a ser assediada por ingente exército popular, cujas intenções são bem diversas daquelas dos diminutos e requintados contingentes de alunos selecionados que a procuravam no passado" (Jaime, 1997, p. 392). A grande revolução da sociedade ocorrerá quando a alienação cultural do país for superada.

Se realmente estivéssemos interessados em elevar nossa nação ao grau de um país avançado, precisaríamos necessariamente rever os parâmetros que regem nossa educação. O conhecimento é um poderoso mecanismo de transformação social, em geral sob o controle das universidades. Assim, somente com a conscientização da população poderemos propor algo novo para o Brasil. Nesse sentido, há a necessidade de que as instituições de ensino superior destinem seus esforços para uma finalidade política. Segundo Vieira Pinto (1963, citado por Jaime, 1997, p. 392),

A universidade da nação oprimida em esforço de libertação vê-se constrangida a passar por esta fase de atuação preferencialmente política, para atingir, quando o país houver se consolidado numa realidade social justa e independente, a fase em

que poderá, como é de sua natureza, consagrar-se por inteiro aos seus fins culturais, identificados, em tal momento, à política geral da sociedade.

A **necessidade de uma revolução**, para Vieira Pinto, era clara e urgente. Para tanto, ele propôs, como bom marxista, algumas exigências práticas: 1º) cogoverno, que visa à democratização das universidades; 2º) supressão da trincheira do vestibular; 3º) popularização das universidades; 4º) luta contra a vitaliciedade das cátedras; 5º) vínculo das universidades com centros sociais. Todas essas propostas têm como meta "identificar a universidade com a sociedade brasileira" (Pinto, 1963, p. 17).

Chama-nos a atenção o seguinte título do livro de Vieira Pinto: *Por que os ricos não fazem greve?* Num primeiro momento, pode nos parecer uma questão ingênua para a filosofia, mas, quando desenvolvida, demonstra sua importância. Esse livro apresenta os capítulos "Quem são os ricos?", "Que é greve?", "Por que há ricos?", "Por que não há greve de ricos?" e "Por que só os pobres fazem greves?" Para entendermos a lógica dessa obra, é necessário adentrarmos na dinâmica do pensamento do autor.

De início, ele justifica sua perspectiva apontando o óbvio: os ricos são poucos. Isso fica perceptível ao olharmos para a pirâmide social e constatarmos que o topo pertence a uma casta privilegiada. Na sequência, é levantada a questão referente aos mecanismos que mantêm a elite em tal posição. Como isso é sustentado pela sociedade? Isso é evidente quando uma classe opressora se prevalece acima da população explorada. Por sua vez, essa realidade se mantém porque a divisão cultural entre os intelectuais e os sem instrução é preservada. Assim, o "artifício primordial e o mais eficaz para conservar o domínio dos 'ricos' está em conservar paralelamente a divisão entre minorias cultas e plebe ignorante" (Vieira Pinto, 1962, citado por Jaime, 1997, p. 394).

A fim de ostentar a riqueza, o **recurso militar** é aplicado para controlar as insubordinações sociais. Então, por parte dos ricos, cria-se a ilusão de segurança definitiva: eles acreditam que seu *status* prevalecerá. Por conseguinte, "a qualquer indício de agitação popular, de reclamação das grandes massas trabalhadoras... revidam pondo em ação o poderoso mecanismo compressor que possuem..." (Vieira Pinto, 1962, citado por Jaime, 1997, p. 395). Fato interessante está ligado aos critérios avaliativos de riqueza pelos próprios ricos, isto é, os "ricos não se julgam ricos", por certo pela constante ganância, pela ânsia de "ter mais".

Tendo analisado o rico e suas particularidades, Vieira Pinto faz algumas observações no âmbito da esfera do operário. Sua perspectiva em relação ao trabalhador é pessimista, pois o descreve como "um animal irracional, o 'burro de carga' de que fala a linguagem popular". (Vieira Pinto, 1962, citado por Jaime, 1997, p. 395). O operário não trabalha para si para que possa realizar-se como profissional: ele desempenha seu trabalho para o outro, para o rico. Esse drama, ainda por cima, é justificado por discursos que legitimam a historicidade das divisões de classes. Por fim, cria-se uma falsa consciência que emana de intelectuais de má-fé. Assim, a "exploração do trabalho constitui a origem do lucro que se acumula como riqueza nas mãos dos capitalistas" (Vieira Pinto, 1962, citado por Jaime, 1997, p. 396).

6.3.1 Consciência e realidade nacional

A obra-prima de Álvaro Borges Vieira Pinto é *Consciência e realidade nacional*. Basicamente, ele desenvolve as ideias de *ideologia* e *consciência*, numa teoria de superação da condição de subdesenvolvimento nacional para uma revolução das massas com base na tomada de consciência nacional. O raciocínio aplicado nesse trabalho conta com as seguintes proposições:

a) sem ideologia do desenvolvimento não há desenvolvimento nacional; b) a ideologia do desenvolvimento tem, necessariamente, de ser fenômeno de massas; c) o processo de desenvolvimento é função da consciência das massas; d) a ideologia do desenvolvimento tem de proceder da consciência das massas. (Vita, 1969, p. 128-129)

Segundo Vita (1969), a obra *Consciência e realidade nacional* elabora uma ideologia do desenvolvimento do Brasil com base na dialética entre **consciência e realidade**. Isso se baseia na iniciativa materialista de ler a realidade pela ideia de *consciência-reflexo*. Nossos diferentes graus de consciência se abrem para as realidades tal como um objeto diante de um espelho. Com isso entendemos que, para mudar a realidade, é necessário elevar o nível de consciência das camadas sociais. Surge, então, a preocupação de entender a consciência por uma ontologia de sua natureza, a fim de podermos transformar a conjuntura social.

Toda a construção do pensamento de Vieira Pinto está concentrada na diferença entre **consciência ingênua** e **consciência crítica**. A consciência ingênua se define por uma forma inautêntica que desencadeia a condição de alienação. Já a consciência crítica oferece uma forma possível de consciência na realidade.

A consciência ingênua não está ciente do contexto na qual está inserida. Ela desconhece os fatos que constantemente a enquadram dentro de um sistema que a domina com facilidade. "Não estando vinculada aos fatos, está apenas vinculada às ideias, que considera princípios absolutos" (Vieira Pinto, 1960, citado por Jaime, 1997, p. 403).

A consciência crítica é produto da historicidade dos conteúdos críticos do passado. Ela é o estado de vigilância dos acontecimentos presentes e oferece a representação fiel dos fatos externos. "A atitude fundamental dessa consciência é a certeza, que a anima, de estar refletindo em si um mundo existente fora dela, constituindo fenômenos submetidos a leis universais" (Vieira Pinto, 1961, citado por Jaime, 1997, p. 404).

A revolução poderá ser alcançada quando imperar a consciência crítica e quando a consciência ingênua não for expressa mais como um fenômeno de massa. O exercício constante de retirar as armadilhas que levam à consciência ingênua é desafiador, porém pode ser possibilitado por meio da desconstrução das ideologias que favorecem o sistema de classes: "Sempre houve e sempre haverá, em cada horizonte do processo histórico, uma consciência crítica e outra consciência ingênua, uma ligada aos interesses sociais ascendentes, outra representando os interesses de grupos, concepções, valores e estruturas sociais em declínio" (Vieira Pinto, 1961, citado por Jaime, 1997, p. 404).

Considerando essa ideia, percebemos que o marxismo enfrenta um grande problema: como aplicar o ditame à revolução que ele propõe? O abismo entre a teoria e a práxis é suficientemente grande para bloquear a urgente concretização do seu objetivo social. A pretensão de se impor como a grande filosofia que promoverá a salvação perde chão à medida que os sujeitos se deparam com a corrupção inerente do sistema. A proposta socialista foi corrompida por seus dirigentes, os quais abriram mão dos interesses gerais a fim de favorecer os pessoais.

O contexto brasileiro para o qual foi trazido o materialismo marxista ofereceu estreitas fronteiras para as possibilidades de exploração desse pensamento. As pressões provocadas pelo **paternalismo** e pela **repressão** possibilitaram contribuições tímidas e mesmo contraditórias.

Podemos afirmar, por fim, que, após nossa breve incursão à história de algumas expressões do marxismo no Brasil, dispomos de instrumental para a leitura atual do fenômeno marxista no cenário nacional.

Síntese

Com base no estudo da filosofia marxista no Brasil, é possível afirmarmos que ela influenciou os movimentos políticos de esquerda defensores do socialismo. Também despertou atenção de filósofos como Caio Prado Júnior e Álvaro Borges Vieira Pinto, que, em seus estudos, demonstraram um esforço no sentido de compreender a filosofia marxista por uma análise da realidade brasileira à luz desse pensamento. Os autores trataram também de algumas questões que dificultaram a absorção dos ideais marxistas na consciência nacional.

Indicações culturais

Livros

MENDES, J. J. de S. **História da filosofia no Brasil**. São Paulo: Unisal; Vozes, 1999. 447 p. v. 2.

PINTO, Á. B. V. **Ciência e existência**. Rio de Janeiro: Paz e Terra. 1969.

PINTO, Á. B. V. **Por que os ricos não fazem greve?** Rio de Janeiro: Civilização Brasileira, 1962. (Cadernos do Povo Brasileiro, v. 4)

Filme

CRONICAMENTE inviável. Direção: Sérgio Bianchi. Brasil: Rio Filmes, 1999. 101 min.

Atividades de autoavaliação

1. Segundo Antônio Joaquim Severino (1997, p. 168-169), "a presença do marxismo no contexto filosófico-cultural brasileiro é marcada pelo posicionamento próprio de três grandes formas que se tem de abordá-lo". Assinale a alternativa que contém as três grandes perspectivas de leitura de Marx:

a) A leitura dos marxistas, a leitura dos marxianos e a leitura dos marxólogos.
b) A leitura dos marxistas, a leitura dos socialistas e a leitura dos materialistas.
c) A leitura dos socialistas, a leitura dos materialistas e a leitura dos comunistas.
d) A leitura dos comunistas, a leitura dos socialistas e a leitura dos marxianos.

2. Para Luiz Washington Vita (1969, p. 123), "inexiste no Brasil uma tradição de estudos marxistas, porquanto a subestimação da teoria é uma decorrência do sectarismo e do praticismo dos seguidores do marxismo no País". Com base nessa informação, analise as alternativas a seguir e marque V (verdadeiro) ou F (falso):

( ) No Brasil, não existe nenhuma referência histórica que defenda o pensamento marxista.

( ) O modelo político brasileiro foi influenciado pelas ideias marxistas, tendo em vista a sua proposta comunista, ainda que esta não seja transparente.

( ) Depreende-se da citação de Luiz Washington Vita a inexistência de qualquer forma histórica de manifestação simpática às ideias de Karl Marx.

( ) Embora de maneira mais restrita do que países de política comunista, o Brasil tem algumas referências de adeptos do modelo político marxista, como o caso de Euclides da Cunha.

Agora, assinale a sequência correta:
a) F, F, V, V.
b) F, F, F, V.
c) F, V, F, V.
d) F, V, V, V.

3. "Na perspectiva deste 'humanismo científico' a especificidade dos processos culturais fica ameaçada pelos determinismos naturais e pelo mecanismo das infraestruturas sobretudo econômicas, dentro de visível linha marxista" (Lima Vaz, 1973, p. 360). A citação diz respeito à confusão provocada pela associação direta entre marxismo e positivismo, no que concerne aos princípios particulares de cada corrente filosófica. Sobre esse contexto histórico, Vamireh Chacon identifica o primeiro marxista brasileiro. Marque a alternativa que apresenta o pioneiro das ideias de Karl Marx no Brasil:
   a) Silvério Fontes.
   b) Euclides da Cunha.
   c) Caio Prado Júnior.
   d) Astrojildo Pereira.

4. A metodologia de Caio Prado Júnior expõe uma preocupação sobre o fato social. Prado Júnior percebe que, pela reflexão marxista, "as classes emergem pela primeira vez nos horizontes de explicação da realidade social brasileira – enquanto categoria analítica." (Motta, 1975, p. 475-476). Com base na citação, analise as proposições a seguir e assinale a alternativa correta:
   a) Os elementos teóricos de análise marxista no Brasil contribuíram para que a classe dos proletários conquistasse maior consciência de si e de sua importância social.
   b) A análise marxista brasileira beneficiou exclusivamente a camada dominante sobre novos métodos de alienação popular, considerados mais eficazes, pois anteveem possíveis manifestações sociais.
   c) A obra *Grande casa e senzala*, de Caio Padro Júnior, inaugura uma perspectiva crítica sobre a gestão do regime oligárquico no Brasil.

d) A filosofia marxista ignora a aplicação prática de suas teorias, haja vista que ela é uma interpretação desinteressada do conflito histórico entre as classes.

5. Uma das preocupações de Álvaro Borges Vieira Pinto era o papel das universidades no Brasil. Ele diagnosticou que a sociedade brasileira vivia um período pré-revolucionário, em que as atenções se voltavam para o destino das universidades de modo esperançoso. Mas, para tanto, havia a necessidade "de discutir a questão da reforma da universidade na fase pré-revolucionária atualmente vivida pela sociedade brasileira" (Pinto, 1963, p. 13). De acordo com a discussão sobre as universidades provocada por Álvaro Borges, marque a alternativa correta:

a) Ao contrário do que se pensava, o processo de alienação pode auxiliar na revolução pela manipulação do povo, de forma a atender aos interesses da elite revolucionária.

b) A força da revolução está concentrada na reação do corpo discente.

c) O futuro da universidade brasileira depende das decisões tomadas pelos grandes Conselhos de Educação, pois eles se encontram mais preparados para deliberar.

d) A sociedade precisa dificultar os requisitos necessários que outorgam os títulos de doutores, haja vista a falta de preparo dos acadêmicos para exercerem tais cargos.

Atividades de aprendizagem

1. Conforme Severino (1997, p. 168-169), "a presença do marxismo no contexto filosófico-cultural brasileiro é marcada pelo posicionamento próprio de três grandes formas que se tem de abordá-lo". Assim, defina cada um desses posicionamentos.

2. De acordo com o que estudamos neste capítulo, analise como se daria a revolução do ponto de vista de Caio Prado Júnior.

3. Com base nesta obra e também em suas leituras complementares, pontue aspectos relevantes e que legitimam a obra *Por que os ricos não fazem greve?*, de Álvaro Vieira Pinto.

considerações finais

As primeiras manifestações de ideias filosóficas no Brasil sugiram com a vinda dos colonizadores, em especial os jesuítas, que foram designados pelo governo português para catequizar os nativos. Como a Europa se encontrava no Renascimento, um período de transição da Idade Média para a Idade Moderna, as bases do pensamento filosófico europeu eram a teologia e os ideais cristãos. Dessa forma, a colônia herdou as bases do pensamento teológico/filosófico cristão; porém, como o Brasil não tinha uma educação minimamente organizada, também não dispunha de uma estrutura de ideias conforme o modelo europeu.

Como não havia um pensamento filosófico instituído e a colonização portuguesa foi de exploração, não se preocupando com o povoamento e desenvolvimento da colônia, as ideias de natureza social e filosófica também se desenvolveram muito lentamente. Assim, o início da construção das ideias no Brasil se deu com base na educação e na religião católica, por meio da catequização, principalmente dos nativos. A catequização não se constituiu em uma construção livre de pensamento, o que de certa forma é muito recente no Brasil, mas em uma forma de dominação em função dos interesses da metrópole.

As primeiras ideias filosóficas foram alicerçadas nos princípios morais do catolicismo, voltadas para Deus e sua função criadora. Tal perspectiva colocou o homem em posição de submissão e de incapacidade de criar, pensar e transformar. Essa postura retratava o pensamento medieval europeu. Também é fundamental lembrar que o pensamento europeu estava sofrendo alterações com o surgimento das religiões protestantes; embora cristãs, elas incorporaram o antropocentrismo, reconhecendo o homem como um ser ligado a Deus, mas com autonomia e digno da realização material na vida terrena.

Embora a Europa se encontrasse numa "busca" pelo mundo material, no Brasil e mesmo em Portugal o pensamento predominante era o da escolástica e das bases do moralismo. Essa condição se justificava pela condução, em parte, das ideias em Portugal pelos jesuítas, que se utilizavam de métodos tradicionais. Essa realidade sofreu alterações com as ações do Marquês de Pombal, que se opôs às doutrinas dos jesuítas e os expulsou de Portugal e, consequentemente, do Brasil.

A partir da ruptura do governo português com os jesuítas, estabeleceu-se uma nova postura na construção do pensamento em Portugal, ainda que o Marquês de Pombal não fosse adepto das ideias dos empiristas ingleses, não tanto por conta do pensamento em si, mas pelas relações políticas entre Portugal e Inglaterra. Dessa forma, os portugueses recorreram ao pensamento do italiano Antonio Genovesi, que postulava ideias iluministas com enfoque na economia; essa concepção, porém, eve maior repercussão em Portugal e pouco se irradiou para a colônia.

A maior influência intelectual se deu com base nas ideias do positivismo, pelo fato de que pessoas nascidas no Brasil tiveram contato com o pensamento de Augusto Comte na Europa e difundiram tais ideias no Brasil. O positivismo pressupõe uma ordem estabelecida para o funcionamento da sociedade. Como o Brasil carecia de organização socioeconômica e política, essa corrente filosófica teve boa aceitação e influenciou consideravelmente na construção das ideias no Brasil.

Além do positivismo, considerando o pensamento filosófico brasileiro em perspectiva crescente, tivemos na Escola do Recife a elaboração de uma filosofia com maior intensidade e inserida no cotidiano da sociedade brasileira. Embora os filósofos dessa escola se utilizassem de bases do pensamento europeu, em especial de Kant, a Escola do Recife, por meio das ideias de seus representantes, possibilitou uma "sacudida" no pensamento filosófico no Brasil. Apesar de as ideias desses filósofos serem muitas vezes radicais, foi possível pensar a filosofia numa perspectiva diferente do positivismo e do espiritualismo, buscando na realidade brasileira o ponto de partida dessa filosofia.

Considerando a filosofia no Brasil de forma mais original, o resgate do marxismo e sua introdução no pensamento brasileiro aproximaram ainda mais a filosofia da realidade socioeconômica e política brasileira. Por ser o pensamento marxista uma análise profunda do capitalismo, ele ofereceu elementos para a compreensão das condições da sociedade brasileira. É nesse ponto que reside a raiz política de natureza socialista, comunista e também anárquica. Assim, a influência do pensamento marxista fomentou a construção de ideias da esquerda no Brasil, que se contrapôs à elite dominante, não somente em termos de ideias, mas principalmente do ponto de vista econômico, pois o Brasil sempre foi um país marcado pelas desigualdades sociais e ainda continua sendo uma sociedade que não conseguiu superar esse desequilíbrio.

Buscando as influências ou os reflexos da história das ideias no Brasil, podemos afirmar que o País foi influenciado diretamente pelo modelo de ocupação aqui adotado pelos europeus – a colonização, que desde o início impôs seus valores da cultura e da religiosidade cristã, fazendo do Brasil um país católico até a Proclamação da República em 1889. Em 1890, Ruy Barbosa redigiu o Decreto nº 119-A, de 7 de janeiro, que separou o Estado e a Igreja Católica Romana no Brasil. Segundo Teraoka (2010), citado por Russar (2012), em seu artigo 1º, o decreto determinava:

é proibido à autoridade federal, assim como a dos Estados federados, expedir leis, regulamentos ou atos administrativos, estabelecendo alguma religião, ou vedando-a, e criar diferenças entre os habitantes do país, ou nos serviços sustentados à custa do orçamento, por motivos de crenças, ou opiniões filosóficas, ou religiosas.

O artigo 2º preconizava a ampla liberdade de culto, enquanto os artigos 3º e 5º previam a liberdade de organização religiosa sem a intervenção do poder público (Teraoka, 2010, citado por Russar, 2012).

Isso se consolidou com a Constituição de 1891, que decretou definitivamente a separação entre a Igreja e o Estado, fazendo do Brasil um Estado laico, que exercita a liberdade religiosa.

Acrescentemos que as ideias protestantes se refletiram na cultura brasileira e, de acordo com Teraoka (2010, citado por Russar, 2012), a Reforma Protestante também foi responsável pela liberdade religiosa, pois, com a consequente divisão do cristianismo, o poder político não conseguiu controlar as divisões e subdivisões das novas religiões cristãs e, para manter a paz, os estados adotaram a tolerância religiosa, que acabou por instituir a liberdade religiosa no sentido moderno.

Também a educação e, por conseguinte, a cultura e a sociedade sofreram influências das ideias europeias que colonizaram o Brasil, especialmente no que diz respeito ao modelo de ensino imposto pelos jesuítas, baseado numa educação moralista, que ainda hoje pode ser identificado no Brasil. Segundo Sousa (2015),

Muitas escolas tradicionais do país, bem como várias instituições de ensino superior espalhadas nos mais diversos pontos do território brasileiro, ainda são administradas por setores dirigentes da Igreja Católica. Somente no século XIX, foi que as escolas laicas passaram a ganhar maior espaço no cenário educacional brasileiro.

Mais ainda, observando a composição curricular dos jesuítas aos anos 1990, podemos perceber que "o currículo brasileiro tem apresentado, no seu trajeto histórico, pelas semelhanças ou equivalências e retornos da indicação de conteúdos, a mesma construção formal básica" (Rangel, 1992, p. 112). Esse formalismo na educação brasileira pode ser percebido "ao se encontrarem a 'leitura', a 'escrita' e o domínio das 'contas' enfatizados desde os jesuítas", conforme nos mostra Rangel (1992, p. 112); além disso, nessa construção formal da educação jesuítica, ainda segundo a autora (1992, p. 112), "os conteúdos mais permanentes, historicamente consolidados – menos sujeitos a supressões e retornos – são: Português, Língua Estrangeira Moderna, História, Geografia, Matemática, Ciências Físicas e Biológicas, Educação Artística e Educação Física", como até hoje encontramos em nossas escolas.

Outros reflexos ainda encontrados na sociedade brasileira atual são advindos dos ideais positivistas. Além dos fundamentos político-sociais da Proclamação da República e da configuração da nossa bandeira, é possível identificarmos influências positivistas também na educação nacional. Por seu caráter empírico e pragmático, o positivismo foi um fator sistematizador dos métodos científicos que se estabeleceram na educação brasileira. Por meio do ensino técnico, a educação tecnicista apoiada nos ideais positivistas preocupou-se também em buscar, além do método científico, a razão do próprio procedimento técnico-científico. Assim, a educação e, por conseguinte, a sociedade brasileira se tornaram cientificistas*. Todavia, aceitar a ciência como o único conhecimento válido, como queria o positivismo, é um reducionismo que leva à perda de uma grande parcela de conhecimentos que não estão contemplados pelos dados científicos, tais como os conhecimentos populares, religiosos e filosóficos que também fundamentam a experiência humana. Valorizar apenas o conhecimento técnico-científico em detrimento dos demais

---

*   Setzer (2005) afirma que "para uma clara caracterização do cientificismo, reportemo-nos a um artigo de A. Grothendieck, publicado no n. 9 da revista *Vivre et Survivre* de 1971 [...]. Grothendieck denomina de cientificismo à ideologia criada em torno da ciência, ideologia essa 'que tem muitas das características de uma nova religião... Esse poder, principalmente para o grande público, prende-se ao prestígio da ciência, devido ao seu grande sucesso.' Além de ser incompreensível para o grande público, do ensino fundamental ao superior 'a ciência é ensinada dogmaticamente, como uma verdade revelada. Dessa forma, no espírito do grande público, o significado da palavra 'ciência' tem essência quase mística e, certamente, irracional... A ciência é, para o grande público e mesmo para muitos cientistas, como uma magia negra, e sua autoridade é indiscutível e incompreensível.' Essa nova religião chegou mesmo, em sua intolerância, a suplantar qualquer religião tradicional. 'Mais ainda, ela não se limita a pretender que somente seus próprios mitos sejam verdadeiros; é a única religião que possui a arrogância de chegar a pretender não ser baseada em nenhum mito, mas somente na Razão".

tipos de conhecimento pode acarretar prejuízos ao desenvolvimento do raciocínio lógico, tanto na criação quanto na dedução, assim como na construção da visão de mundo e no aprimoramento da consciência crítica. Também não podemos menosprezar as importantes conquistas que o cientificismo trouxe ao nosso modo de estar no mundo, como os satélites e todos os benefícios e consequências daí advindos, os computadores e, mais recentemente, os telefones móveis inteligentes.

Embora o cientificismo tenha contribuído em grande escala para o progresso científico e material da humanidade, é fundamental voltarmos também a atenção para o pensamento social e, mais concretamente, para o marxismo. A contribuição do pensamento de Marx está na investigação sobre as desigualdades sociais existentes no modelo capitalista de produção e distribuição das riquezas. No Brasil, esse pensamento se reflete mais na posição política e intelectual de membros da esquerda, que manifestam suas concepções na defesa do proletariado e de suas condições materiais, que, por sua vez, são limitadas e padecem pela pobreza. Também nos ajuda a compreender o processo de colonização exploradora ao qual o Brasil foi submetido e as desigualdades socias que resultaram desse processo até os dias atuais.

Para concluirmos, é importante observarmos que o processo de exploração da América pela Europa, o qual contribuiu economicamente para a consolidação das monarquias europeias por meio do grande acúmulo de riquezas denominado *acumulação primitiva*, que deu início ao desenvolvimento industrial, acabou por deixar um legado socioeconômico que até hoje se reflete na sociedade brasileira e se expressa pela grande desigualdade social representada por um pequeno grupo de privilegiados e por uma grande massa de trabalhadores explorados vivendo na miséria. O poder político também seguiu esse modelo econômico, o que resultou numa sociedade na qual uma pequena parte da população concentra o poder político e econômico, enquanto o restante se submete à exploração de seu trabalho e à miséria espiritual e material.

Assim, podemos entender este estudo como um subsídio para a compreensão do pensamento filosófico no Brasil, instrumentalizando o leitor para melhor compreender seu cotidiano diante da realidade socioeconômica e política vigente. Trata-se também de um instrumento de pesquisa que, oferecendo atividades para a autoavaliação, busca incentivar e possibilitar o aprendizado, pois a principal função da filosofia é instrumentalizar o sujeito para que possa melhorar sua forma de compreensão, aperfeiçoar suas ideias e construir a autonomia de pensamento.

referências

A TRAMA da vitória. **Veja na história**. 1989. Disponível em: <http://veja.abril.com.br/historia/republica/trama-vitoria-era-republicana-impressao.shtml>. Acesso em: 7 out. 2015.

ABBAGNANO, N. **Dicionário de filosofia**. 5. ed. rev. e ampl. São Paulo: M. Fontes, 2007.

ALONSO, A. **Ideias em movimento**: a geração 1870 na crise do Brasil Império. São Paulo: Paz e Terra, 2002.

ARANHA, M. L. de A. **História da educação**. 2 ed. rev. e atual. São Paulo: Moderna, 2001.

ARANHA, M. L. de A.; MARTINS, M. H. P. **Filosofando**: introdução à filosofia. São Paulo: Moderna, 1996.

ARRUDA, J. J. de A.; PILETTI, N. **Toda a história**: história geral e história do Brasil. São Paulo: Ática, 2000.

AZEVEDO, F. de. **A cultura brasileira**. São Paulo: Melhoramentos, 1971.

BARRETO, T. **Questões vigentes**. Aracaju: Edição do Estado de Sergipe, 1883. v. 9. (Obras Completas).

BARROSO, M. A. A influência do espiritualismo eclético para a filosofia no Brasil. **Revista Interdisciplinar de Estudos Ibéricos e Ibero-Americanos**, Juiz de Fora, ano 1, n. 3, mar./maio 2007.

BEVILÁQUA, C. **História da Faculdade de Direito do Recife**. 2. ed. Brasília: INL; Conselho Federal de Cultura, 1977.

BLAKE, A. V. A. S. **Diccionario bibliographico brazileiro**. Rio de Janeiro: Typographia Nacional, 1883-1902.

BRASIL. Decreto n. 1, de 15 de novembro de 1889. **Coleção de Leis do Brasil**, Poder Executivo, Rio de Janeiro, RJ, 15 nov. 1889. Disponível em: <http://www2.camara.leg.br/legin/fed/decret/1824-1899/decreto-1-15-novembro-1889-532625-publicacaooriginal-14906-pe.html>. Acesso em: 17 abr. 2015.

BRASIL. Decreto n. 119-A, de 7 de janeiro de 1890. **Coleção de Leis do Brasil**, Poder Executivo, Rio de Janeiro, RJ, 1890. Disponível em: <http://www.planalto.gov.br/ccivil_03/decreto/1851-1899/d119-a.htm>. Acesso em: 17 abr. 2015.

BRASIL. Decreto n. 181, de 24 de janeiro de 1890. **Coleção de Leis do Brasil**, Poder Executivo, Rio de Janeiro, RJ, 1890. Disponível em: <http://www.planalto.gov.br/ccivil_03/decreto/1851-1899/D181.htm>. Acesso em: 17 abr. 2015.

BRASIL. Decreto n. 4, de 19 de novembro de 1889. **Coleção de Leis do Brasil**, Poder Executivo, Rio de Janeiro, RJ, 19 nov. 1889. Disponível em: <http://www.planalto.gov.br/ccivil_03/decreto/1851-1899/D0004.htm>. Acesso em: 17 abr. 2015.

BURCKHARDT, J. **A cultura do renascimento na Itália**: um ensaio. São Paulo: Companhia das Letras, 1991.

CAMPI, F. **História da pedagogia**. São Paulo: Ed. da Unesp, 1999.

CAMPOS, F. A. Reflexão introdutória ao estudo da filosofia na época colonial no Brasil. In: CRIPPA, A. et al. (Coord.). **As ideias filosóficas no Brasil**: século XVIII e XIX – Parte I. São Paulo: Convívio, 1978. p 41-79.

CAMPOS, F. A. **Tomismo e neotomismo no Brasil**. São Paulo: Grijalbo; Edusp, 1968.

CARVALHO, J. M. de. **A formação das almas**: o imaginário da república no Brasil. São Paulo: Companhia das Letras, 1990.

CARVALHO, J. M. de. **Curso de introdução à filosofia brasileira**. Londrina: Cefil; UEL, 2000.

CARVALHO, R. de. **História do ensino em Portugal**: desde a fundação da nacionalidade até o fim do regime de Salazar-Caetano. 2. ed. Lisboa: Fundação Calouste Gulbenkian, 1996.

CASTELO, J. A. **Gonçalves de Magalhães**. São Paulo: Assunção, 1946.

CERQUEIRA, L. A. Gonçalves de Magalhães como fundador da filosofia brasileira. **Centro de Filosofia Brasileira - Cefib**. set. 2010. Disponível em: <http://filosofiabrasileiracefib.blogspot.com.br/2008/06/gonalves-de-magalhes-como-fundador-da.html>. Acesso em: 19 abr. 2015.

CHACON, V. O pensamento marxista no Brasil. In: CRIPPA, A. (Coord.). **As ideias filosóficas no Brasil**: século XX – Parte I. São Paulo: Convívio, 1978. p. 74-90.

COMTE, A. **Curso de filosofia positiva; Discurso sobre o espírito positivo; Catecismo positivista**. Seleção de textos de José Arthur Giannotti. Tradução de José Arthur Giannotti e Miguel Lemos. São Paulo: Abril Cultural, 1978. (Os Pensadores).

COSTA, C. **Panorama da história da filosofia no Brasil**. São Paulo: Cultrix, 1960.

COSTA, C. **Sociologia**: introdução à ciência da sociedade. 2. ed. São Paulo: Moderna, 1997.

CRIPPA, A. (Coord.). **As ideias filosóficas no Brasil**: séculos XVIII e XIX. São Paulo: Convívio, 1978a.

CRIPPA, A. **As ideias filosóficas no Brasil**: século XX – Parte I. São Paulo: Convívio, 1978b.

ERASMO, D. Elogio da loucura. In: **Erasmo, Thomas More**. 2. ed. São Paulo: Abril Cultural, 1979. (Os Pensadores).

FACÓ, R. Evolução do pensamento de Euclides da Cunha. **Estudos Sociais**, Rio de Janeiro, v. 2, n. 6, maio/set. 1959.

FIQUER, B. T. O ensino no Brasil: primórdios. **Verbum** – Cadernos de Pós-Graduação, n. 3, p. 43-54, 2013. Disponível em: <revistas.pucsp.br/index.php/verbum/article/download/ 14437/11409>. Acesso em: 4 mar. 2015.

FRANCA, L. **O método pedagógico dos jesuítas**: o "Ratio Studiorum". Rio de Janeiro: Agir, 1952.

FRANCOVICH, G. **Filósofos brasileiros**. Prefácio de G. Dantas Barreto e adenda de Antônio Paim. 2. ed. Rio de Janeiro: Presença, 1979.

GIACÓIA JUNIOR, O. **Discurso filosófico e discurso científico**: convergência e dispersão. Estudo sobre o conceito e a função da filosofia no *Curso de filosofia positiva* de Augusto Comte. Dissertação (Mestrado em Filosofia) – Pontifícia Universidade Católica de São Paulo, Datilo, 1983.

GOMES, L. **1889**: como um imperador cansado, um marechal vaidoso e um professor injustiçado contribuíram para o fim da monarquia e a proclamação da república no Brasil. São Paulo: Globo, 2013a.

GOMES, L. O imperador republicano. E o republicano monarquista. **El País**, 4 dez. 2013b. Disponível em: <http://brasil.elpais.com/brasil/2013/12/04/opinion/1386197042_791442.html>. Acesso em: 20 abr. 2015.

HOUAISS, A. (Ed.). **Pequeno dicionário enciclopédico Koogan Larousse**. Rio de Janeiro: Larousse do Brasil, 1979.

JAIME, J. **História da filosofia no Brasil**. Petrópolis, RJ: Vozes; São Paulo: Faculdades Salesianas, 1997. v. 2.

JAIME, J. **História da filosofia no Brasil**. Petrópolis, RJ: Vozes; São Paulo: Faculdades Salesianas, 2000. v. 3.

JAPIASSÚ, H.; MARCONDES, D. **Dicionário básico de filosofia**. 3. ed. rev. e ampl. Rio de Janeiro: J. Zahar, 2001.

KONDER, L. **Os marxistas e a arte**: breve estudo histórico-crítico de algumas tendências da estética marxista. Rio de Janeiro: Civilização Brasileira, 1967.

LACAZ, P. A. A. Subordinar a política à moral positiva. **P A Lacaz Grandes Artigos**. 5 fev. 2003. Disponível em: <http://palacaz grandesartigos.blogspot.com.br/2014/06/subordinar-politica-moral-positiva.html>. Acesso em: 6 out. 2015.

LACAZ, P. A. A. Resumo da doutrina positivista ou doutrina da humanidade. **Doutrina Positivista**. 1994. Disponível em: <http://www.doutrinadahumanidade.com/resumo.htm>. Acesso em: 6 out. 2015.

LACERDA NETO, A. V. **O positivismo é um ateísmo**. 7 ago. 2011. Disponível em: <https://arthurlacerda.wordpress.com/2011/08/07/o-positivismo-e-um-ateismo/>. Acesso em: 20 abr. 2015.

LE GOFF, J. **Em busca da Idade Média**. Rio de Janeiro: Civilização Brasileira, 2005.

LE GOFF, J. **Os intelectuais na Idade Média**. Tradução de Marcos de Castro. Rio de Janeiro: J. Olympio, 2003.

LIMA VAZ, H. C de. O pensamento filosófico no Brasil de hoje. In: FRANCA, L. C. de. **Noções de história da filosofia**. 21. ed. Rio de Janeiro: Agir, 1973. p. 343-373.

LINS, I. **História do positivismo no Brasil**. São Paulo: Nacional, 1964.

LOMBARDI, J. C.; SAVIANI, D.; NASCIMENTO, M. I. M. (Org.). **Navegando pela história da educação brasileira**: 20 anos de Histedbr. Campinas, SP: Autores Associados, 2006. 1 CD-ROM.

MACHADO, G. P. **A filosofia no Brasil**. 3. ed. São Paulo: Cortez e Moraes, 1976.

MARGUTTI PINTO, P. R. **O pensamento filosófico brasileiro no período colonial**. Disponível em: < https://faje.academia.edu/PauloMarguttiPinto>. Acesso em: 3 maio 2008.

MATTOS, L. A. de. **Primórdios da educação no Brasil**: o período heroico (1579 a 1570). Rio de Janeiro: Aurora, 1958.

MERCADANTE, P. de F. **A consciência conservadora no Brasil**. 2. ed. Rio de Janeiro: Civilização Brasileira, 1972.

MERCADANTE, P. de F. As raízes do ecletismo brasileiro. In: CRIPPA, A. (Coord.). **As ideias filosóficas no Brasil**: século XVIII e XIX – Parte I. São Paulo: Convívio, 1978. p. 59-80.

MORA, J. F. **Dicionário de filosofia**. São Paulo: Edições Loyola, 2001. Tomo II.

MOTTA, C. G. A historiografia brasileira nos últimos quarenta anos: tentativa de avaliação crítica. **Ciência e Cultura**, v. 27, n. 5, p. 475-476, maio 1975.

OLIVEIRA, A. B. de. Antônio Genovesi na bibliografia do Marquês de Pombal. In: ENCONTRO REGIONAL DE HISTÓRIA, 12., 2006, Niterói. **Anais**... Niterói, RJ: Anpuh; Universidade Federal Fluminense – UFF, 2006.

OLIVEIRA, E. de S. **Memória histórica da Faculdade de Medicina da Bahia**: concernente ao ano de 1942. Salvador: Centro Editorial e Didático da UFBA, 1992.

PAIM, A. **A escola eclética**: estudos complementares à história das ideias filosóficas no Brasil. Londrina: Ed. da UEL; Cefil, 1996.

PAIM, A. **A filosofia da Escola do Recife**. 2. ed. São Paulo: Convívio, 1981.

PAIM, A. **História das ideias filosóficas no Brasil**. São Paulo: Grijalbo, 1967.

PAIM, A. **História das ideias filosóficas no Brasil**. 4 ed. rev. e aum. São Paulo: Convívio, 1987.

PINTO, Á. B. V. **A questão universitária**. Rio de Janeiro: Universitária, 1963.

PRADO JÚNIOR, C. **A revolução brasileira**. São Paulo: Brasiliense, 1966.

PRADO, M. E. Considerações sobre o papel da herança ibérica no pensamento político brasileiro. In: ENCONTRO REGIONAL DE HISTÓRIA, 12., 2006, Niterói. **Anais**... Niterói, RJ: Anpuh; Universidade Federal Fluminense – UFF, 2006. Disponível em: <http://www.rj.anpuh.org/resources/rj/Anais/2006/conferencias/Maria%20Emilia%20Prado.pdf>. Acesso em: 4 abr. 2015.

PUNTONI, P. Um tour de force erudito: clássico sobre jesuítas está de volta. **Pesquisa Fapesp**, ed. 112, 2005. Resenha. Disponível em: <http://revistapesquisa.fapesp.br/2005/06/01/resenha-a-historia- da-companhia-de-jesus-no-brasil/>. Acesso em: 16 abr. 2015.

RANGEL, M. Ainda estamos com os jesuítas na educação brasileira? – uma análise de currículo. **Revista Perspectiva**, n. 17, 1992, p. 105-111. Disponível em: <https://periodicos.ufsc.br/index.php/perspectiva/article/viewFile/9153/10695>. Acesso em: 16 abr. 2015.

REALE, G.; ANTISERI, D. **História da filosofia**: do humanismo a Kant. São Paulo: Paulinas, 1990. v. 2.

REALE, G.; ANTISERI, D. **História da filosofia**: do humanismo a Descartes. São Paulo: Paulus, 2004. v. 3.

RIBEIRO JÚNIOR, J. **O que é o positivismo**. São Paulo: Brasiliense, 1994.

ROMERO, S. **Doutrina contra doutrina**: o evolucionismo e o positivismo no Brasil. 2. ed. Rio de Janeiro: Livraria Clássica de Alves e Cia., 1895.

ROSA, N.; REIS, M. Positivismo. Intérpretes: Noel Rosa e Orestes Barbosa. In: ROSA, N. **Noel pela primeira vez**. Rio de Janeiro: Galeão Novodisc, 2002. Faixa 108.

RUSSAR, A. Brasil: a laicidade e a liberdade religiosa desde a Constituição da República Federativa de 1988. **E-Gov**, 20 mar. 2012. Disponível em: <http://www.egov.ufsc.br/portal/conteudo/brasil-laicidade-e-liberdade-religiosa-desde-constitui%C3%A7%C3%A3o-da-rep%C3%BAblica-federativa-de-1988>. Acesso em: 24 ago. 2015.

SANTOS, C. A. dos. Sinopse do livro História da Companhia de Jesus no Brasil. **jesuitasbrasil.com**. 6 abr. 2005. Disponível em: <http://www.loyola.com.br/produtos_descricao.asp?lang=pt_br&codigo_produto=7870>. Acesso em: 7 out. 2015.

SAVIANI, D. **História das ideias pedagógicas no Brasil**. 2 ed. rev. e ampl. Campinas: Autores Associados, 2008. (Coleção Memória da Educação).

SÊGA, R. A. Ordem e Progresso. **Duetto**, ed. 5, mar. 2004. Disponível em: <http://www2.uol.com.br/historiaviva/repor tagens/ ordem_e_progresso_imprimir.html>. Acesso em: 17 abr. 2015.

SETZER, V. W. **O computador como instrumento do cientificismo**. Trabalho acadêmico – Universidade de São Paulo, São Paulo, 2005. Disponível em: <http://www.ime.usp.br/~vwsetzer/comp-cient.html>. Acesso em: 17 abr. 2015.

SEVERINO, A. J. **A filosofia contemporânea no Brasil**: conhecimento, política e educação. Petrópolis, RJ: Vozes, 1997.

SEYSSEL, R. **O positivismo e a bandeira brasileira**. 2005. Disponível em: <http://www.rickardo.com.br/arquivos/posit_bandbras.pdf>. Acesso em: 17 abr. 2015.

SILVA, N. M. D. da. Positivismo no Brasil. **Filosofia em Revista**, n. 85, p.3-4, São Luiz, 1982. Disponível em: <www.cefetsp.br/edu/eso/filosofia/positivismobrasilcsc.html>. Acesso em: 3 abr. 2015.

SIMON, M. C. O positivismo de Comte. In: REZENDE, A. (Org.). **Curso de filosofia para professores e alunos dos cursos de ensino médio e de graduação**. Rio de Janeiro: Zahar, 1986. p. 144-158.

SÓ HISTÓRIA. **Guerra do Paraguai**. 2009-2015. Disponível em: <http://www.sohistoria.com.br/ef2/guerraparaguai/>. Acesso em: 17 abr. 2015.

SOUSA, R. G. **Os jesuítas no Brasil**. 2015. Disponível em: <http://www.mundoeducacao.com/historiadobrasil/os-jesuitas-no-brasil.htm>. Acesso em: 17 abr. 2015.

SUPERTI, E. **O positivismo de Augusto Comte e seu projeto político**. Trabalho acadêmico – Programa de Pós-Graduação em Ciências Sociais da Universidade Federal de São Carlos, São Carlos, 1998. Disponível em: <http://www.faeso.edu.br/horus/artigos%20anteriores/2003/superti.htm>. Acesso em: 24 ago. 2015.

TELES, A. X. **Introdução ao estudo de filosofia**. São Paulo: Ática, 1991.

TERAOKA, T. M. C. **A liberdade religiosa no direito constitucional brasileiro**. 282 f. Tese (Doutorado em Direito) – Faculdade de Direito, Universidade de São Paulo, São Paulo, 2010.

TOBIAS, J. A. **História das ideias no Brasil**. São Paulo: EPU, 1987.

UCHOA, L.; BARBOZA, M. J. **Serafim Soares Leite**: A Companhia de Jesus e os índios na capitania do Rio de Janeiro. Séculos XVI, XVII e XVIII. Trabalho acadêmico (História do Brasil) – Departamento de História, Pontifícia Universidade Católica do Rio de Janeiro, Rio de Janeiro, 2011. Disponível em: <https://acompanhiadejesuseosindios.files.wordpress.com/2011/09/serafim-soares-leite1.pdf>. Acesso em: 20 out. 2014.

VÉLEZ-RODRÍGUEZ, R. **Panorama da filosofia brasileira**. 1985. Disponível em: <http://www.ensayistas.org/critica/brasil/velez2.htm>. Acesso em: 5 abr. 2015.

VELÉZ-RODRÍGUEZ, R. **Paulino Soares de Sousa – Visconde de Uruguai (1807-1866):** ícone do pensamento estratégico brasileiro. Juiz de Fora: UFJF, 15 set. 2005. Disponível em: <http://www.ecsbdefesa.com.br/fts/PSS.pdf>. Acesso em: 20 ago. 2015.

VITA, L. W. **Antologia do pensamento social e político no Brasil.** São Paulo: União Pan-Americana Grijalbo, 1968.

VITA, L. W. **Panorama da filosofia no Brasil.** Porto Alegre: Globo, 1969.

ZILLES, U. **Grandes tendências na filosofia do século XX e sua influência no Brasil.** Caxias do Sul: Educs, 1987.

ZUMTHOR. P. **Correspondência de Abelardo e Heloísa.** Tradução de Lucia Santana Martins. São Paulo: M. Fontes, 2000.

bibliografia comentada

AZEVEDO, F. de. **A cultura brasileira**. São Paulo: Melhoramentos, 1971.

Publicada em 1942, fruto da solicitação do Governo Vargas para que Fernando de Azevedo redigisse a "Introdução" ao Recenseamento Geral de 1940, essa obra é considerada um monumento, a bíblia da educação brasileira. Embora mostre as concepções da época, do povo e do papel do Estado, até hoje representa importante instrumento para o estudo da história da cultura e da educação brasileira, ao revelar a relação entre o intelectual e o poder instituído, entre o campo educacional e o campo político institucional, durante as décadas de 1930 e 1940.

FRANCA, L. **O método pedagógico dos jesuítas**: o "Ratio Studiorum". Rio de Janeiro: Agir, 1952.

A obra apresenta o ideal educacional dos jesuítas proposto pelo método da *Ratio Studiorum* e sintetiza a experiência pedagógica dos jesuítas, o regulamento dos cursos, programas e disciplinas das escolas da Companhia de Jesus. Trata-se de importante material para os que buscam conhecer o código de ensino dos jesuítas e as ideias pedagógicas que determinavam suas atividades.

KONDER. L. **Os marxistas e a arte**: breve estudo histórico-crítico de algumas tendências da estética marxista. Rio de Janeiro: Civilização Brasileira, 1967.

A obra inicialmente explicita que Marx e Engels deixaram comentários isolados sobre a estética, que integram o pensamento dos autores, mas que eles não elaboraram uma teoria propriamente dita acerca do tema. Para cada autor apresentado no livro foi designado um capítulo com ênfase em suas contribuições e críticas aos erros, com base no pensamento de Lukács, sendo que, com a publicação da obra póstuma de Lukács, *Ontologia do ser social*, novas perspectivas se abrem ao autor, assim como as discussões sobre a arte moderna. Ambos os aspectos se apresentam nas produções intelectuais e educativas de Konder, ministradas em seus colégios e missões pelo mundo, especialmente no Brasil Colônia e nos países da América Latina.

PAIM, A. **História das ideias filosóficas no Brasil**. 4. ed. rev. e aum. São Paulo: Convívio, 1987.

Essa obra tem grande relevância no que se refere à filosofia no Brasil. Além do percurso histórico, o autor aborda temas/problemas da filosofia, tais como o homem, a política e a ciência. Em seguida, trata do empirismo mitigado, do ecletismo e do kantismo, da filosofia católica, do positivismo e do marxismo. Desse modo, a obra conduz o leitor a construir um entendimento histórico sobre a construção das ideias filosóficas no Brasil.

TOBIAS, J. A. **História das ideias no Brasil**. São Paulo: EPU, 1978.

Essa obra de José Antônio Tobias traz uma reflexão filosófica acerca da constituição do pensamento brasileiro ao longo da história do País, ressaltando a herança portuguesa, as diferentes etnias, o legado jesuítico, a Independência, o Império e a República com as vertentes políticas e filosóficas. Há destaque para as contradições reinantes, tais como a colônia e a metrópole, o engenho e a fazenda, o poder da Igreja, o café, a cidade, o ensino, o surgimento das universidades, e a tomada de consciência brasileira como civilização e detentora de uma filosofia própria. Essa é uma obra que interessa ao curso de Filosofia, pois trata da história do pensamento e da cultura brasileira.

VELÉZ-RODRÍGUEZ, R. **Tópicos especiais de filosofia moderna**. Juiz de Fora: Ed. da UJFJ; Londrina: UEL, 1995.

Nascido em Bogotá, Colômbia, em 15 de novembro 1943 e naturalizado brasileiro em 1997, o autor atualmente vive em Londrina, Paraná. Doutor em Filosofia pela Universidade Gama Filho do Rio de Janeiro (1982), em seus estudos busca desvendar traços comuns entre os países da América Latina. Destaca-se entre os estudiosos que vêm aplicando à realidade brasileira a categoria weberiana de estado patrimonial e busca desenvolver plenamente o conceito de *patrimonialismo modernizador*, sem o qual não se compreenderia como a burocracia estatal brasileira foi capaz de levar a cabo a Revolução Industrial e suas consequências no que se refere ao agigantamento do Estado. Em relação à América Latina, sua abordagem é pioneira.

respostas

Capítulo 1

Atividades de autoavaliação

1. V, V, F, V
2. a
3. d

4. b
5. c

Atividades de aprendizagem

1. Resposta esperada: A principal influência foi trazer e impor o modo de vida europeu – cultura, moral, religião e educação. Entre esses fatores, o de maior repercussão foi a religião, pelo fato de ela ser muito marcante em Portugal. Foi introduzida na colônia a partir da vinda dos jesuítas para o Brasil. A principal função dos jesuítas era catequizar os nativos e dominá-los a fim de facilitar os mandos da metrópole. O principal reflexo dessa política de dominação e exploração foi que o Brasil não se desenvolveu, permanecendo na condição de fornecedor de riquezas para Portugal, que se beneficiou dessa relação e retardou o desenvolvimento do Brasil profundamente.

2. Orientação de resposta: Nessa questão, o leitor deve levantar elementos abordados no capítulo e em outras fontes relevantes, com a finalidade de identificar políticas utilizadas por Portugal durante a colonização do Brasil. Em seguida, deve fazer uma reflexão crítica, abordando o impacto de tais políticas para o desenvolvimento do país, considerando que a colonização portuguesa teve como modelo a exploração, e não o povoamento.

Capítulo 2

Atividades de autoavaliação

1. V, F, F, V
2. b
3. c
4. V, F, V, V
5. d

Atividades de aprendizagem

1. Resposta esperada: É possível a identificação do pensamento colonial brasileiro pelo estudo da história da filosofia, pois, especialmente no caso brasileiro, permite identificar a cultura da época estudada por meio das ações sociopolíticas da sociedade do período, uma vez que os documentos foram destruídos. Filosofar a respeito do pensamento colonial brasileiro é pesquisar e estudar sua história, porque, além de descobrir e entender a visão de mundo da época, é necessário pensar sobre como e por que ela se deu dessa maneira. Com isso, já está sendo construído um conhecimento lógico-racional.

2. Orientação de resposta: Diferentemente do período colonial, hoje a sociedade está imersa no modelo consumista do capitalismo ocidental, que dita valores materiais para o comportamento humano. Portanto, o sistema educacional também segue esse modelo cultural materialista e, com isso, deixa de priorizar os valores morais, pois agora a humanização se dá não só pelo emocional e psicológico, mas, principalmente, pelo material. Exemplo: "Quero que meu filho tenha tudo o que eu não tive", em vez de "Quero que meu filho seja melhor pessoa do que eu pude ser".

3. Orientação de resposta:

Pedro Abelardo, ao lado de Hugo de San Víctor, delineou um quadro inovador dos processos educativos. Abelardo, em sua obra autobiográfica, em que narra o atormentado amor por Heloísa, põe em destaque uma nova identidade humana, mais individual, mais racional, mais livre, que se propõe também como um modelo formativo. Assim, no Epistolário *retornam o Abelardo-professor e o Abelardo-homem, carregado de dúvidas, de paixões, estimulado por um desejo de busca que põe a razão (a dialética) como instrumento-chave de uma formação propriamente humana. Abelardo, porém, consigna à escolástica o método de estudo e de estudo racional – articulado sobre a* dialética – dos vários assuntos. Com sua tomada de posição em torno da questão dos universais (os universais são conceitos de gênero – ex.: humanidade), que os interpreta como conceitos (seguindo Aristóteles), tendo estatuto lógico e linguístico, ele delineou uma concepção crítica do pensamento e da pesquisa filosófica que diz respeito à formação de um sujeito como intelectual autônomo e, justamente, crítico, já muito próximo do sujeito moderno*.

Capítulo 3

Atividades de autoavaliação

1. F, V, F, V
2. d
3. d
4. c
5. c

Atividades de aprendizagem

1. Resposta esperada: O ecletismo brasileiro não deve ser considerado cópia do francês porque, apesar de ter sido influenciado por este, desenvolveu as próprias ideias com base em uma visão de mundo fundamentada na realidade cultural brasileira, que já ansiava por modernidade. Sua originalidade está em buscar debater com a sociedade brasileira as questões da liberdade e da consciência a fim de desenvolver o sentimento nacionalista, que permitiria a organização política do país desvinculada da metrópole, de quem se separara.

2. Resposta esperada: O estudo da história desse período evidencia a influência dos pensadores ecléticos pelo seu empenho em desenvolver

---

* ZUMTHOR, P. Prefácio. In: MARTINS, L. S. (Trad.) **Correspondência de Abelardo e Heloísa**. Prefácio. São Paulo: M. Fontes, 2000. p. 41

uma fundamentação teórica lógico-racional que desse sustentação ao sentimento de humanização e liberdade desejado pela sociedade, ao buscar se afirmar como nação independente e se modernizar.

3. Orientação de pesquisa: Procurando contribuir para as pesquisas, apresentamos, aqui, alguns títulos do autor:

MAGALHÃES, G. de. **Poesias**. Rio de Janeiro: R. Ogier,1832.

MAGALHÃES, G. de. **Suspiros poéticos e saudades** (1836). Poemas. Paris: Dauvin et Fontaine; 2. ed. corrigida e aum. Paris; Porto; Coimbra: Moré, 1859. 3. ed. In: **Obras**, t. 2. Rio de Janeiro: Garnier, 1865. 4. ed. anotada por Sousa da Silveira (contendo indicação errada do nome do editor francês da 2. ed., de 1859), com pref. literário de Sérgio Buarque de Holanda. Rio de janeiro: Ministério da Educação, 1939. 5. ed. com pref. de Fábio Lucas. Brasília: UnB; INL, 1986.

MAGALHÃES, G. de. **Niterói**: Revista Brasiliense – Ciências, Letras e Artes (Editor, juntamente com Francisco de Sales Torres Homem, Manuel de Araújo Porto Alegre e E. de Monglave. Foram publicados n. 1 e n. 2.). Paris: Dauvin et Fontaine, 1836; reprodução de ambos os n.s, com Introdução de Plínio Doyle e apresentação crítica de Antônio Soares Amora. São Paulo: Biblioteca Academia Paulista de Letras, 1978, v. 9.

MAGALHÃES, G. de. Ensaio sobre a história da literatura do Brasil. In: **Niterói**, n. 1, t. 1, 1836. Republicado com pequenas correções. In: **Obras**, t. 8, sob o título Discurso sobre a história da literatura do Brasil, 1865. Com este último título, texto republicado por Lêdo Ivo. In: **Papéis avulsos** 10. Rio de Janeiro: Casa de Rui.

MAGALHÃES, G. de. **Cartas a Monte Alverne** (incluindo cartas de Manuel de Araújo Porto Alegre ao mesmo destinatário). Apresentação de Roberto Lopes. São Paulo: Conselho Estadual de Cultura, 1964.

Capítulo 4

Atividades de autoavaliação

1. 5, 6, 3, 1, 2, 4
2. V, V, F, V, F
3. a
4. a, b
5. d

Atividades de aprendizagem

1. Resposta esperada: O estudo da lei dos três estados deve permitir ao estudante perceber as analogias entre cada estado da humanidade com o desenvolvimento do próprio homem. Assim, o estado teológico corresponderia à infância, à magia que as crianças veem nos fatos; o estado metafísico equivaleria à adolescência, quando a pessoa já é capaz de fazer reflexão sobre os fatos mesmo quando eles não estão presentes; e o estado positivo seria a maturidade, quando já se é capaz de fazer juízos sobre os fatos tendo como fundamento a própria razão, pautada pelo conhecimento e pela experiência.

2. Resposta esperada: Porque, ao comparar a vida humana em sociedade ao modelo das ciências exatas, Comte percebeu que havia em ambos um movimento no sentido da evolução, do aperfeiçoamento, e deduziu que era possível usar as ciências para explicar a sociedade por

meio de leis naturais, que, para ele, independem da vontade ou da ação do homem, mas regulam o funcionamento da vida em sociedade. Com base nisso, Comte organizou leis próprias para o estudo da sociedade como um objeto particular. A esse estudo Comte chamou de *física social* ou *ciência social*.

3. Pesquisa pessoal.

4. Orientação de resposta: Esse passeio permite ao estudante encontrar sobre os túmulos, sejam suntuosos, sejam mais humildes, estatuetas de anjos com delicadas feições femininas, geralmente com os braços abertos ou com as mãos postas em oração, como se estivessem abençoando os seres que já passaram por este mundo. Permite também encontrar, em cima das lápides mais suntuosas, grandes estátuas femininas parecendo vestir singelas túnicas longas, ajoelhadas como se estivessem profundamente pesarosas e tristes pela perda que a humanidade sofrera com a morte daquele ente querido, ou ainda tendo junto a si uma imagem de criança, demonstrando a proteção que a mulher deve oferecer segundo a religião da humanidade e a moral positivista. Até mesmo a suntuosidade dos túmulos visa mostrar o progresso e o desenvolvimento social atingido tanto no passado, representado pelo morto, quanto no presente, por meio da família que o visita, bem como no futuro, visto que esses túmulos são um mausoléu familiar.

5. Orientação de resposta: No positivismo, a figura do herói era importante para a sociedade, pois deveria servir como modelo moral de conduta. Assim, buscava-se cultuar os nomes do passado que praticaram grandes feitos e que, por isso, seriam dignos de servir como exemplos capazes de conduzir a sociedade rumo à ordem que geraria o progresso. Assim, a religião da humanidade, além de endeusar a mulher e torná-la responsável pela moral da sociedade positivista, ainda disseminou a

admiração e o respeito aos heróis, como o fazemos até hoje, por exemplo, dando seus nomes a logradouros públicos.

6. Resposta esperada: A proposta de Comte de construir uma ditadura republicana em que a ordem pública seria mantida pela submissão da sociedade a leis naturais invariáveis atraiu o espírito militar e alguns intelectuais da época que haviam estudado na Europa e, diante da crise que assolava o Império, rapidamente aderiram às ideias positivistas e começaram um movimento dentro do Exército, buscando depor o imperador e instalar a república, que os positivistas consideravam uma forma de governo mais elevada, pois superaria a fase metafísico-religiosa do direito divino dos reis e conduziria a sociedade a um regime cientificista, o que foi conseguido pelo golpe militar de 15 de novembro de 1889.

7. Resposta esperada: Apesar das diferenças ideológicas, a união das forças do Tenente-Coronel Benjamin Constant e do Marechal Deodoro possibilitou o golpe militar que derrubaria o Imperador D. Pedro II e decretaria o fim da monarquia no Brasil. Enquanto Benjamin Constant era abertamente contrário à monarquia por seus princípios positivistas, o Marechal Deodoro era um militar de carreira, que fora afastado do centro do poder e enviado como Comandante das Armas da Província de Mato Grosso, onde deveria submeter-se a um coronel, o presidente da província coronel Cunha Matos, o que o deixara muito desgostoso com o imperador, embora na carta que escrevera a seu sobrinho Clodoaldo Fonseca, aluno da Escola Militar de Porto Alegre, ficasse evidente sua posição ideológica.

Capítulo 5

Atividades de autoavaliação

1. V, F, F, V

2. c
3. a
4. d
5. d

Atividades de aprendizagem

1. Resposta esperada: Nos séculos XIX e XX, o Brasil sofreu um processo de modificação no plano das ideias filosóficas. Vários fatores contribuíram significativamente para essa tomada de consciência, tais como: Guerra do Paraguai; abertura dos portos às nações amigas; abolição da escravatura; fim do regime monárquico, que deu lugar à república; primeiras instituições dedicadas à pesquisa.

Podemos destacar ainda "a repercussão da Guerra de Secessão nos Estados Unidos da América, a aventura de Maximiliano no México, a queda do Império de Napoleão III e a instalação da 3ª República da França. Tudo isso – principalmente a abolição – contribuiu para a queda da monarquia no Brasil, onde fora sempre uma planta exótica. O declínio do regime imperial, a lenta infiltração e a propaganda de ideias novas foram aspectos que contribuíram para o progresso de consciência, para uma colocação mais adequada do Brasil nas condições de vida americana"[*]. No tocante aos principais nomes da Escola do Recife, destacaram-se Clóvis Beviláqua, Sílvio Romero, Tobias Barreto, Artur Orlando e Fausto Cardoso.

2. Resposta esperada: A admiração pela filosofia alemã e o combate à escolástica, bem como a metafísica e as novas descobertas das ciências experimentais, são fatores que contribuíram para a expansão da Escola do Recife. Devemos destacar também que, no início da década de 1870,

---

[*] COSTA, C. **Panorama da história da filosofia no Brasil.** São Paulo: Cultrix, 1960.

Tobias Barreto e a sociedade de um modo geral estavam insatisfeitos com o ecletismo espiritual, a monarquia, a escravidão e a falta de uma filosofia propriamente dita brasileira. Por fim, encontramos como traços característicos das ideias do grupo o evolucionismo, o naturalismo e o monismo.

3. Resposta esperada: No século XX, é notório o afastamento da filosofia por parte dos filósofos brasileiros, que passaram a se dedicar a outras áreas, como foi o caso de Sílvio Romero, que direcionou suas investigações para o campo sociológico, de Artur Orlando, que atuou no jornalismo e na política, e de Clóvis Beviláqua, que trilhou os caminhos do direito. Essa mudança de foco investigativo contribuiu definitivamente para a estagnação e o declínio da Escola do Recife. Os seguidores do mestre Tobias Barreto, em vez de desenvolverem a filosofia no âmbito epistemológico, por exemplo, continuaram a afirmar seu caráter sintético, ou seja, que a filosofia era a síntese da ciência. Clóvis Beviláqua afirmava que, se a filosofia não é uma ciência, então ela é uma síntese de todas as ciências, sendo mais profunda do que todas elas juntas. Uma das consequências desse quadro foi que a Escola do Recife se viu impedida de acompanhar o debate. Além disso, o positivismo também teve contribuição fundamental para o declínio definitivo da Escola do Recife.

Capítulo 6

Atividades de autoavaliação

1. a
2. F, F, F, V
3. a
4. a
5. b

Atividades de aprendizagem

1. Resposta esperada: No tocante às três posições distintas acerca de Marx, temos: os marxistas, que assumem um posicionamento radical e supostamente fiel ao original proposto por Karl Marx; os marxianos, com características de revisionismo; e os marxólogos, que são analistas profissionais que utilizam os instrumentos da leitura marxista.

2. Resposta esperada: Diferentemente de muitos radicais do materialismo, Prado Júnior não acreditava que um conflito armado fosse a solução para o estopim de uma revolução. Suas motivações se voltam, com relação ao processo histórico, a transformações nos campos econômico, social e político, as quais, concentradas em determinado espaço de tempo, proporcionariam a equidade das diferentes classes sociais. Os momentos históricos de brusca transição de uma situação econômica, social e política para outra e as transformações que então se verificaram são os elementos que constituem o que propriamente se há de entender por *revolução*. Enfim, Caio Prado afirma que definitivamente iremos alcançar o anseio materialista que resultará "na socialização dos meios de produção, na eliminação da exploração do trabalho humano e na divisão da sociedade em classes antagônicas, bem como nas demais consequências de toda ordem material e moral que daí decorrem" (p. 16)*.

3. Resposta esperada: Num primeiro momento, esse tema pode parecer uma questão ingênua para a filosofia, mas, quando desenvolvida, demonstra a sua importância. Esse livro apresenta os capítulos "Quem são os ricos?", "Que é greve?", "Por que há ricos?", "Por que não há greve de ricos?" e "Por que só os pobres fazem greves?" Para entendermos a lógica dessa obra, é necessário adentrarmos a dinâmica do pensamento do autor. De início, ele justifica sua perspectiva apontando o óbvio: os

---

* PRADO JÚNIOR, C. **A revolução brasileira**. São Paulo: Brasiliense, 1966.

ricos são poucos. Isso fica perceptível ao olharmos para a pirâmide social e constatarmos que o topo pertence a uma casta privilegiada. Na sequência, é levantada a questão referente aos mecanismos que mantêm a elite em tal posição. Como isso é sustentado pela sociedade? Isso é evidente quando uma classe opressora se prevalece da população explorada. Por sua vez, essa realidade se mantém porque a divisão cultural entre os intelectuais e os sem instrução é preservada. Assim, o "artifício primordial e o mais eficaz para conservar o domínio dos 'ricos' está em conservar paralelamente a divisão entre minorias cultas e plebe ignorante"(p. 394)*. A fim de ostentar a riqueza, o recurso militar é aplicado para controlar as insubordinações sociais. Então, por parte dos ricos, cria-se a ilusão de segurança definitiva: eles acreditam que seu *status* prevalecerá. Por conseguinte, "a qualquer indício de agitação popular, de reclamação das grandes massas trabalhadoras [...] revidam pondo em ação o poderoso mecanismo compressor que possuem [...]" (p. 395)*. Fato interessante está ligado aos critérios avaliativos de riqueza pelos próprios ricos, isto é, os "ricos não se julgam ricos", por certo pela constante ganância, pela ânsia de "ter mais".

---

* Vieira Pinto, 1962, citado por: JAIME, J. **História da filosofia no Brasil**. Petrópolis, RJ: Vozes; São Paulo: Faculdades Salesianas, 1997, v. 2.

sobre os autores

Ademir Antonio Engelmann é mestre em Filosofia pela Pontifícia Universidade Católica de São Paulo – PUCSP (2005). Tem especialização em Filosofia com ênfase em Ética pela Pontifícia Universidade Católica do Paraná – PUCPR (2000), especialização em Formação de Docentes e de Orientadores Acadêmicos em EaD, tem graduação em Filosofia pela PUCPR (1999) e em Análise e Desenvolvimento de Sistemas e Pedagogia pela UniCesumar. Atua na educação básica, superior e gestão.

Derli Adriano Engelmann é mestre em Educação (2016) pela Universidade Tuiuti do Paraná (UTP) e tem especialização em Gestão de Pessoas (2012), em Formação de Docentes (2011) e em Ensino de História (2006). É graduado em Filosofia (2005) pela PUCPR e Marketing (2019) pela UniCesumar. Tem experiência no Ensino Superior EAD e presencial. Atualmente, é diretor de polos da UniCesumar.

Maria Elisa Leite Corrêa tem mestrado em Educação pela Pontifícia Universidade Católica do Paraná – PUCPR (2005), especialização em Saúde Mental, Psicopatologia e Psicanálise e graduação em Filosofia, ambas também pela PUCPR (2001, 1999). Tem experiência nas modalidades de ensino presencial e semipresencial nos níveis de graduação e pós-graduação, assim como na educação básica. Já trabalhou com as disciplinas de Filosofia, Filosofia da Educação, Filosofia da Religião, Ética, Metodologia, Iniciação à Pesquisa Científica, Sociologia com Ênfase em Cultura, Sociedade e Cidadania, bem como Sociologia Econômica.

SANZIO, R. *A Escola de Atenas (Scuola di Atene)*.
1509-1510. 500 cm × 770 cm; color.
Stanza della Segnatura, Palácio Apostólico:
Cidade do Vaticano.

Gráfica
Agosto/2023